»Man ist so alt, wie man sich fühlt«, besagt ein Sprichwort. Doch bereits nicht allzu lange nach der Teenagerzeit beginnen viele, sich Sorgen um ergrauendes Haar und Falten zu machen. Dieses Buch versammelt Gedichte und Prosa bekannter Autoren aus Vergangenheit und Gegenwart, die davon erzählen, wie man gelassen und schwungvoll in die Jahre kommen kann. Das hat sowohl eine erheiternde als auch eine beruhigende Wirkung, denn es zeigt: Beim Älterwerden machen wirklich *alle* Bekannten mit.

Gregor Gumpert, geboren 1962, lebt in Berlin. Nach dem Studium der Komparatistik, Skandinavistik und Philosophie in Kiel, Oslo und Berlin habilitierte er sich 2002. Neben seinen Gastprofessuren ist er seit 2005 als Herausgeber und Ausstellungsmacher im Bereich Literatur tätig.
Ewald Tucai, geboren 1963, lebt in Berlin. Nach Abschluss des Studiums der Architektur ist er als freier Architekt, Ausstellungsmacher und Herausgeber im Bereich Literatur und Kunst tätig.

ÄLTERWERDEN
IST NICHT SCHWER

Ein Lesebuch

Herausgegeben von
Gregor Gumpert und Ewald Tucai

Deutscher Taschenbuch Verlag

Von den Herausgebern
Gregor Gumpert und Ewald Tucai
sind im Deutschen Taschenbuch Verlag erschienen:
Ruhr.Buch (13826)
Übers Meer in die Ferne (14123)

Ausführliche Informationen über
unsere Autoren und Bücher
finden Sie auf unserer Website
www.dtv.de

Originalausgabe 2014
Deutscher Taschenbuch Verlag GmbH & Co. KG,
München
© 2014 Deutscher Taschenbuch Verlag, München
Umschlagkonzept: Balk & Brumshagen
Umschlagbild: Gerhard Glück
Gesetzt aus der Bembo 10/12,25·
Satz: Greiner & Reichel, Köln
Druck und Bindung: Druckerei C.H. Beck, Nördlingen
Gedruckt auf säurefreiem, chlorfrei gebleichtem Papier
Printed in Germany · ISBN 978-3-423-14285-4

Inhalt

I
WIR LASSEN UNS DIE LAUNE NICHT VERDERBEN
7

II
MEIN SPIEGEL LÜGT!
33

III
DAS KANN JA HEITER WERDEN…
59

IV
WENN DIE LIEBE NOCH MAL ZUSCHLÄGT!
85

V
MIT VOLLGAS IN DIE LETZTE RUNDE
117

VI
WER LÄNGER LEBT, WIRD ÄLTER
157

NACHWORT
179
QUELLENNACHWEIS
181

I

WIR LASSEN UNS DIE LAUNE NICHT VERDERBEN

Eugen Roth

EINBILDUNG

Wir sehn mit Grausen ringsherum:
Die Leute werden alt und dumm.
Nur wir allein im weiten Kreise,
Wir bleiben jung und werden weise.

Hanns Dieter Hüsch

Die jungen Alten

Sag mal, hab ich kürzlich zu mein Frau gesacht, möchtest du so jung sein, wie de alt bis? Oder so neu sein, wie de jung bis. Oder so alt sein, wie de neu bis. Da hat mein Frau gesagt: »Wat soll denn dat durcheinander jetzt, nich? Ich möchte so sein, wie ich bin.« Un wie biste denn? hab ich da gefragt. Naja, hat da mein Frau etwas zögernd geantwortet, ich möchte so, ja, ich möchte so jung sein wie ich neu bin. Bravo, hab ich da gesagt, bravo, denn ich möchte nämlich auch so neu sein wie ich alt bin. Und ich sage dir, hab ich zu mein Frau gesacht, wir stehen für eine Entwicklung, die in der Geschichte der Menschheit einmalig ist. Einmalig. Du un ich? Nein, hab ich gesagt, nich nur ich un du. Sondern trau keinem über 60. Alles nämlich, was so über 60 is, kann jetzt die Welt verändern, und zwar ohne Aufstand. Ohne Aufstand! Weil, hab ich inzwischen rausgekriegt, weil wir, hm, nicht mehr Omma un Oppa spielen müssen, ne. Oder zum Beispiel als alte Trottels an den Rand der Gesellschaft geschoben werden, sondern genau umgekehrt! Wir sind auf dem Weg zu einer Gesellschaft, nich wahr, in der alt werden, alt sein keine Schande mehr ist, sondern wir gehören jetzt zu einer, wie heißt et immer, zu einer neuen dynamischen Generation, weil wir die jungen Alten sind, ne. Un von Vergreisung, ne, da kann überhaupt keine Rede mehr sein, aus, Schluss, basta! Ja, wenn dat so is, wenn dat so is, hat da mein Frau gesacht, dann ham wer ja nochmal Glück gehabt, ne? Dann kann ich ja vielleicht nochmals studieren, du holst deinen Doktor nach … Richtig, hab ich gesagt, ich hol meinen Doktor nach, ne, und das Adjektiv alt, das will ich nich nochmal hören, will ich nicht nochmal hören. Wenn ich jetzt inne Kneipe das Wort »Seniorenteller« auf der Speisekarte lese, da werd ich mich sofort beschweren, nich wahr. Ich will nicht wie ein Kind behandelt werden und einer Kaffee-und-Kuchen-Fürsorge untertan sein, so! So is dat nämlich, wa. Und ich, hat da mein Frau gesagt, ich möchte nich immer Ton in Ton gehen, und gedeckt vornehm mich anziehen, sondern flott und schick, ne. Vielleicht machen wer ne Partei auf! Vielleicht machen wer ne Partei auf, denn über 60 sind schon 12 Millionen, ne! Hoho, dat gäb ne ganz schöne Mehrheit. Und es wär ja auch gar nich so schlecht, wenn der übertriebene Jugendkult dann mal n bissken weniger lautstark wäre, ne. Hat doch auch der Dings, wie heißt er, hat doch auch der Dings, der Philosoph da, der der, der na, der Ernst Bloch, der hat doch gesagt: Alter ist nicht das Ende, sondern das Alter ist Ernte. Und wenn man so denkt, ne, dann wird et schon bald keine alten Menschen mehr geben, ne. Wird es schon, sondern alle sin gleich jung! Genau, hab ich gesagt, genau dasselbe hat auch eine Heidelberger Professorin neulich gesagt. Wie hat se gesagt: Das eigene Alter, ne, nich mehr als Zeit, die man hinter sich hat, sondern, genau umgekehrt, als Zeit, die man noch vor sich hat, erleben. Genau dat isset doch, hab ich gesagt, nich, un ich möchte auch nich mehr in so einem Altenheim angeschrien werden, so zum Beispiel: »Oppa, du, Füße hoch, jetzt wird gestaubsaugt!« un so weiter, ne. Wenn schon, dann möchte ich lebenssatt sterben, aber vorher noch, wie heißt et so schön, ähm, ähm, wissenschaftlich gesehen, der postindustriellen Gesellschaft ein neues Profil geben, so heißt et nämlich. Oder, hab ich gesagt, wir jungen Alten entwickeln eine Kultur der Muße. Dat wär doch mal schön! Richtig eine Kultur der Muße, grad wir Deutschen hätten da viel nachzuholen, ne. Un wer soll es den Leuten vormachen, wenn nich wir Alten, ich, ich meine, wir Jungen, ne. Mit unseren alten Fähigkeiten un Erkenntnissen zwischen Lebensmitte un Lebensabend, wobei ich das Wort Lebensabend ja auch gar nicht ausstehen kann, muss ich ehrlich sagen. Mit unseren Erfahrungen im Kopf wie im Bett. Also morgens Bett un abends, ne. Un in die Ferne, hat da mein Frau gesacht, da möchte ich auch noch mal reisen, ne!

Ich steig dir in jedes Kanu, ob am Amazonas oder in Dings, in Papua, Neuguinea. Völlig wurscht! Immerhin kann mer 115 Jahre alt werden. Un ich, hab ich gesagt, ich kenne keine Pensionsgrenze, nich wahr, ich kenne nur noch junge alte Deutsche, un wenn ich kein Grauer Panther bin, aber n rosa Stier bin ich allemal. Et heißt zwar: Alter schützt vor Torheit nicht, aber das hat uns ja gerade jung gehalten, ne! Un wenn et so weitergeht, hab ich zu mein Frau gesacht, dann werden wer eines Tages auch noch zeitlos sein, nich wahr, un man wird aufhören, die Jahre zu zählen un wir sind ein einig Volk von alten neuen Jungen. Oh je, hat da mein Frau gesacht, aber deutsche Geschichte müssen wir nich unbedingt machen. Nee, sach ich da, nee, nee hab ich da geantwortet: Das ham wer dann schon alles längst hinter uns.

Judith Herzberg

GRAU-SKALA

Das erste fand ich kurios. Ich schickte es nach London,
wo mein Geliebter es im Brief, in den es eingefaltet war,
nicht sah, und gleich darauf lags auf dem Boden,
wo keiner es mehr finden konnte. Have one of mine,
bot eine ältere Dame an, aber
mein Haar war da für ihn noch unersetzlich.

Das zweite wurde vom Friseur entdeckt.
Soll ich es lassen oder möchten die Dame,
daß ichs auszupfe.
»Dame« fand ich komisch,
raus damit, sagte ich, aber ich wußte
sofort, daß dies, weltgeschichtlich, falsch war
und beschloß, beim dritten, sollte es je
kommen, reifer mich zu zeigen.

Das dritte kam. Ich hatte es nicht erwartet.
Ich habe ihm noch roten Glanz gegeben,
doch J. fand das nicht schön und er
mußte es wissen, war er selbst doch grade
fast tot gewesen, so daß ich, ja,
beim vierten und beim fünften,
da glaubte ich daran.

Jetzt hab ich hundert, und das verschafft
Zutritt. Zu Köpfen, die genau so weiß
und nicht-weiß sind wie meiner, zu Falten,
die jetzt noch beinah ganz verschwinden können.

Verwandt sind mir die Zwischendrin-Gesichter,
die, manchmal ganz verdorrt, längst alles wissen,
sich aber manchmal noch, Illusionisten,
faltenlos aufhellen. Les absents ont tort.
Gefärbte haben was verpaßt.

Djuna Barnes

ALTWEIBERSOMMER

Im Alter von dreiundfünfzig Jahren war Madame Boliver wieder jung. Sie wurde mit einem Male von einem Strudel unbekümmerter Jugendlichkeit gepackt und zur strahlenden Schönheit. Was sie mit den Jahren angefangen hatte, die sich zu einer derart vollkommenen Summe addiert hatten, wußte sie nicht – es war ein seltsamer, verschwommener Traum. Sie war unansehnlich, beinah häßlich gewesen, schüchtern, eine alte Jungfer. Sie war groß und ungelenk gewesen – in dem jugendlichen Alter, das bei Mädchen als Knospe bezeichnet wird, hatte sie sich hingesetzt, als würde sie gleich in der Mitte durchbrechen.

Als sie dreißig war, war sie unverhohlen und in erstaunlichem Maße Yankee gewesen; kerzengerade kam sie eckigen Ganges auf einen zu. Sie war streng, schweigsam und neugierig gewesen. Was wahrscheinlich der Grund dafür war, daß sie Madame genannt wurde. Sie trug Schwarz, das mit weißen Krägen und Manschetten abgesetzt war, ihr Haar war straff zurückgebunden und ließ Ohren mit großen Ohrläppchen sehen. Dies straffe Haar entblößte ihr Gesicht zu jener augenfälligen, unschönen Nacktheit, die Zimmer zuweilen an sich haben, wenn schwere, melancholische Vorhänge aufgezogen werden – sie blickte mit derselben unalltäglichen, erwartungsvollen Miene dem Leben entgegen, die gute Stuben zur Schau tragen, wenn sie sich für die einzige festliche Gelegenheit des Jahres auftun, die bekundet, daß ihre Besitzer keine armen Leute sind.

Sie hatte keine Freunde und konnte keine Bekanntschaften aufrechterhalten – ihre Zunge war scharf, rasch und wahrheitsliebend. Sie sprach selten, doch mit soviel unerbittlicher Strenge und Genauigkeit, daß diejenigen, die einmal mit ihr zu tun gehabt hatten, Sorge trugen, ihr kein zweites Mal in dieser Weise ausgeliefert zu sein.

Sie wurde stetig älter und das ohne Bedauern – lange noch, ehe sie dreißig war, hatte sie alle Ansprüche auf ein gewöhnliches Leben wie auch jegliche Hoffnung auf ein »ungewöhnlich« zu nennendes aufgegeben; sie wandelte auf einem geradlinigen Pfad zwischen beiden, und sie war es zufrieden und machte sich wenig Gedanken darüber, was an ihr das wohl war, das sie ungeliebt und unliebenswürdig gemacht hatte.

Ihre Schwestern hatten geheiratet und sich von ihr entfernt wie Blütenblätter fortgeweht werden und den kahlen Stengel übriglassen – ihre Kinder kamen zu ihr wie Pollen, und sie hatte Freude an ihnen und war auf bescheidene Weise glücklich. Früher hatte sie auch einmal von Liebe geträumt, doch das war gewesen, ehe sie noch siebzehn war – zu dem Zeitpunkt war ihr dann klar, daß sie niemand um ihre Hand bitten würde – sie war unansehnlich und unattraktiv, und sie war zufrieden.

Sie war Magd und Ratgeberin in einem geworden – alles, was es zu bewerkstelligen oder zu lösen gab, wurde ihr aufgebürdet. Sie schuftete anstandslos und bereitwillig für andere, und die ließen sie schuften.

Mit 53 erglühte sie in einem Altweibersommer von überwältigender Schönheit. Sie war groß und prachtvoll anzuschauen. Der Duft einer exotischen Blume umwehte sie; sie strömte irgend etwas aus, das in Duft und Ton jene köstliche Nähe zu Schmerz und Lust ahnen ließ; allen bis dahin gestaltlosen Dingen lieh sie plastische Gestalt. Sie war wie ein erlesenes Holz, das zu einem Model geschnitzt worden war – sie atmete unversehens wie jemand, der ein halbes Jahrhundert tot gewesen ist.

Ihr Gesicht war freilich nicht jenes mollige, flaumige nichtssagende Antlitz der ersten Jugend – es war schmal und dunkel und zeigte ein paar höchst empfindsame Fältchen; um den Mund herum gab es Anzeichen eines Humors, den sie nie besessen hatte, und einer Liebe, die sie nie gekannt hatte, einer Freude, die sie nie erlebt hatte, und einer Weisheit, die zu erwerben ihr ganz unmöglich gewesen war. Ihre immer noch neugierigen Augen mit den blauweißen Rändern und der leuchtenden Iris waren halb von seltsam staubigen Wimpern verhangen. Das Haar, das einst straff zurückgekämmt gewesen war, war zwar immer noch zurückgekämmt, doch entblößte es keine so entsetzlich strengen Züge mehr. Vielmehr schien das Haar all jenen einen Gefallen erweisen zu wollen, deren Blick seine bescheidene Fülle suchte, weil es ein Gesicht enthüllte, das zugleich betrachtenswert und ungewöhnlich war.

Ihr Lächeln war reich an Farben – das leuchtende Hellrot ihres Zahnfleischs, die auffällige Weiße ihrer Zähne, der feuchte Schimmer ihres empfindsamen Mundes, das alles erweckte den Eindruck, Madame Boliver sei durch und durch von einem vollendeten, erlesenen Leben gefärbt.

Wenn sie jetzt den Raum betrat, hoben alle Anwesenden die Köpfe und sprachen über sie. Sie war sich dessen sehr wohl bewußt, und es gefiel ihr – nicht, daß sie übermäßig eitel gewesen wäre, es war nur so neu und unerwartet.

Eine Zeitlang genügte ihr schon ihre bloße Jugend – sie lebte mit sich selbst, als sei sie ein zweiter Mensch, dem der Zugang zu einem wunderschönen, langersehnten Traum gestattet worden war. Sie wußte nicht, was sie tun sollte. Hätte sie aufgrund ihrer neuen Jugend die Religion wiederentdecken können, sie hätte an Andachten teilgenommen und mit inbrünstiger Freude und Zuversicht dem Niederknien und Aufstehen beigewohnt, doch gehörte dies zu ihrer einstigen Kindheit und war somit nicht, was sie brauchte.

Damals hatte sie gebetet, weil sie häßlich war; jetzt konnte sie nicht beten, weil sie schön war – sie wollte etwas Neues, dem sie sich zuwenden, mit dem sie sprechen konnte.

Eins ums andere verschwanden die alten, unschönen Dinge, und an ihrer Stelle fanden sich venezianisches Glas und Onyxschalen, Seidenstoffe, Kissen und Parfum ein. Aus ihren Büchern wurden Zeitschriften mit seltsamen, unübertrefflich gelungenen und gewagten Illustrationen.

Alsbald hatte sie einen Salon. Alles riß sich um sie. Herren mit Politikerkoteletten, mit pomadisiertem und gelocktem Haar, überließen ihre Überzieher den Armen feierlich ernster, bestens geschulter Bediensteter.

Junge Studenten mit Blume im Knopfloch und Ambitionen fanden sich ein; ein, zwei Gesandte schauten herein, legten Herzen zu Füßen und empfahlen sich wieder. Dichter und Musiker, Literaten und Künstler, die mit Modernem experimentierten, gruppierten sich um ihre Kaminsimse wie Schmetterlinge sich über Bonbons zusammenfinden und ergossen ihre Herzen in ihr Ohr.

Etliche Herren von Muße und Millionen machten ihr mit Tränlein in den Winkeln ihrer alerten Augen entfesselt den Hof. Professoren mittleren Alters und gar ein Diözesan fanden sich im Gedränge derer, die ihre hübsche Wohnung an den Tagen füllten, wenn sie empfing.

Etwas an Madame Boliver wollte ihr nicht recht nachgeben. Sie war immer noch ängstlich; sie schreckte zusammen, zog mitten in irgendeiner hitzigen Debatte die Hand zurück und erbleichte – bei solchen Gelegenheiten eilte sie dann zum Spiegel, wenn sie auch nie den Kopf wandte, um hineinzuschauen.

War das möglich, daß sie jetzt schön war? Und wenn, würde es andauern? Und ihr Herz sagte ihr: »Ja, es wird andauern«, bis sie endlich glaubte.

Sie ließ die Vergangenheit hinter sich und versuchte, sie zu vergessen. Die Erinnerung daran schmerzte sie, als sei das etwas, das sie in einem Augenblick der Zerstreutheit begangen hatte und dessen sie sich schämen mußte. Sie erinnerte sich daran, wie man sich an eine kleine unrechte Handlung erinnert, die jahrelang im Gedächtnis verborgen lag. Sie dachte an ihre einstige Reizlosigkeit, wie ein anderer an irgendeine selbst verübte Grausamkeit denken mochte. Ihre Augen wurden feucht, wenn sie daran zurückdachte, wie sie sich selbst in den Zwanzigern gesehen hatte. Ihre Lippen zitterten, wenn sie an ihre Strenge und ihre scharfen Erwiderungen zurückdachte.

Ihr eigener Körper warf ihr all das vor, was ihm in ihrer anderen Jugend aufgezwungen worden war, und eine seltsame Leidenschaft bemächtigte sich ihrer und verwandelte die Erinnerung an ihre Schwestern in etwas, das zuweilen jenem Haß der Unterdrückten gleichkam, die sich der Drangsal erinnern, wenn sie der Fülle gewichen ist.

Doch jetzt war sie frei. Sie dehnte sich, sie sang, sie saß lange Stunden träumend, die Ellenbogen aufs Fensterbrett gestützt, und schaute in den Garten hinaus. Sie lächelte, als ihr der alte Brauch der Serenade in den Sinn kam, und fragte sich, wann sie sie wohl selbst kennenlernen würde.

Daß sie dreiundfünfzig war, bereitete ihr niemals Sorge. Es kam ihr nicht einmal in den Sinn. Sie war schon vor langer Zeit, als Zwanzigjährige, dreiundfünfzig gewesen, und jetzt war sie zwanzig mit dreiundfünfzig, das war alles – das war die Entschädigung, und wenn sie ihr mittleres Alter in der Jugend durchlebt hatte, dann konnte sie ihre Jugend auch im mittleren Alter durchleben.

Manchmal dachte sie, wieviel schöner die Natur doch in ihren Betrügereien war als in ihren Heilmitteln.

Diejenigen, die sie umschwebten, boten ihr, ein ums andere Mal, die Ehe an oder wollten sie nach Italien oder Spanien mitnehmen, sie mit Geld und Verehrung überhäufen, und anfangs hatten sie mit ihren Beteuerungen nahezu offene Türen bei ihr eingerannt, weil diese Beteuerungen an sich so neu und so beglückend waren.

Doch desungeachtet war sie irgendwo hinter all ihrer Jugendlichkeit alt genug zu wissen, daß sie nicht liebte, wie sie lieben wollte, und so wartete sie mit einer Geduld, die ihr durch die unablässigen Aufmerksamkeiten der vielen versüßt wurde.

Und dann war Petkoff, »der Russe«, in Begleitung eines der Studenten gekommen.

Eine schwere Pelzmütze senkte sich bis fast über seine zwinkernden, durchdringenden Augen. Er trug ein Gemisch von Kleidern, das ihn auf Anhieb zugleich als Ausländer wie als armen Mann erkennen ließ. Sein kleiner Schnauzbart bedeckte kaum eben empfindsame, wohlgeformte Lippen, und die gerade Haarsträhne, die ihm zu beiden Seiten seiner enganliegenden Ohren hinabwuchs, erweckte den Eindruck, als gehöre er in eine andere Zeit, so als habe auch er, ungeachtet seines geringen Alters, in der Zeit gelebt, als sie ein Mädchen war.

Er konnte nicht viel über dreißig sein, vielleicht war er gerade eben dreißig – er sagte wenig, wandte den Blick jedoch niemals vom Gegenstand seines Interesses.

Er sprach aber nicht schlecht und fiel dabei gelegentlich ins Russische, was sehr pikant war. Mit seinem unbeirrbaren Blick schlug er alle anderen Bewerber aus dem Feld. Er ignorierte die restliche Gesellschaft so gründlich, daß man ihm wenigstens keine Grobheit nachsagen konnte. Wenn einer die bloße Gegenwart seiner Mitmenschen nicht zur Kenntnis nimmt, kann er allenfalls als »seltsam« gelten.

Petkoff war gleichzeitig ein ehrgeiziger und ein selbstbezogener Mensch – in allem war er entschieden und kannte kein zögerndes Versteckspiel, es sei denn, es bedurfte eines solchen, um zum erwünschten Ergebnis zu kommen. Er wirkte anziehend auf Madame Boliver, weil er genauso seltsam war wie sie, ihre Jugend war etwas Fremdes, und das war auch Petkoff.

Er war in dies Land gekommen um einer vielversprechenden Unternehmung willen; er hatte sich also fürs erste als Mensch und in Herzensdingen in acht zu nehmen.

Was er in bezug auf Madame Boliver empfand, war zunächst Erstaunen darüber, daß eine solche Frau noch unverheiratet war; er wußte nichts über ihre Vergangenheit und schätzte sie als wesentlich jünger ein, als sie in Wirklichkeit war. Nach einer Weile wich sein Erstaunen dann dem Vergnügen und schließlich wirklicher, aufrichtiger Liebe.

Er begann, ihr den Hof zu machen, vernachlässigte infolgedessen seine Geschäfte ein wenig und machte sich diesbezüglich Sorgen, blieb aber dennoch hartnäckig.

Er erkannte sehr wohl, daß sie ihrerseits eine tiefe Neigung für ihn zu fassen begann. Stundenlang lief er im Park umher und ließ sich die Affäre gründlich durch den Kopf gehen. Für und Wider gleichermaßen.

Das brachte ihm jedoch nichts ein, außer zunehmender Ungeduld. Er neigte zu eindeutigen Schritten und konnte sich nicht entschließen, zu gehen oder zu bleiben. Im Grunde konnte es für sein Geschäft überhaupt nichts Schlimmeres geben als diese anhaltende fiebrige Unentschlossenheit. Er kam zum Entschluß.

Madame Boliver war selig. Sie begann, sich von ihrem geselligen Leben zurückzuziehen und verwandte statt dessen fast ihre ganze Energie auf die Anbetung ihrer ersten wirklichen Liebe. Sie erhörte ihn auf der Stelle mit einer Spur ihrer einstigen messerscharfen Entschiedenheit und grenzenlosen Freimütigkeit. Er erklärte ihr, sie nehme ihn ja wie ein Stück Kuchen bei einer Teegesellschaft, und sie lachten beide.

Das war im Winter. Madame Boliver war fünfundfünfzig – er fragte sie nie, wie alt sie sei, und ihr kam es nie in den

Sinn, es ihm zu erzählen. Sie setzten ihren Hochzeitstermin auf Anfang Juni nächsten Jahres fest.

Sie waren ungeheuer glücklich. Einer nach dem anderen zogen die feurigeren unter den anderen jüngeren Bewunderern sich zurück, doch nur langsam; sie wandten im Gehen ein wenig den Kopf, da sie gleichzeitig zu eitel und zu skeptisch waren, um zu glauben, daß so etwas von Dauer sein könne.

Sie gab immer noch Empfänge, und immer noch waren ihre Zimmer voller Menschen, doch wenn Petkoff eintrat, ein wenig besser gekleidet, aber immer noch ein wenig gleichgültig der Schar der anderen gegenüber, legte ihre ausgelassene Heiterkeit sich schlagartig, und sie sprachen von den neuen Romanen und dem neuesten Trend in der Kunst.

Petkoff hatte in dem Maße von ihnen Notiz genommen, wie es einem Mann geziemt, der weiß, was er erobert hat und von wem und wie vielen. Er blickte sie beiläufig an, doch mit einer Spur von Wohlgefühl.

Madame Boliver wurde schöner, strahlender, graziöser. Ihre Bewegungen begannen fließendem Wasser zu ähneln. Sie war fast zu glücklich, zu geschmeidig, sich ihres Wohlbefindens allzusehr bewußt. Sie wurde arrogant, blieb dabei aber immer noch die strahlende Schönheit; sie wurde eitel, blieb jedoch immer noch anmutig; sie wurde sich selbst zur Gewohnheit, blieb jedoch immer noch nachdenklich. Man könnte sagen, sie war in einem allzu günstigen Alter aufgeblüht; sie war alt genug, um es zu würdigen, und das ist etwas Gefährliches.

Sie brachte Stunden beim Friseur und beim Schneider zu. Ihr Toilettentisch glich einem Schlachtfeld. Hier fand sich das gesamte Waffenarsenal, um das Alter auf Distanz zu halten. Sie fuhr in einer offenen Kutsche die Allee entlang und lächelte, wenn sie ihren Namen und ihr Foto auf der Seite mit den Gesellschaftsnachrichten fand.

Schließlich hatte man den Eindruck, sie sei zwar schön, sich dessen jedoch zu bewußt; talentiert, doch zu eitel; gewandt im Auftreten, doch dessen allzu sicher; eigenartig und ausgefallen und wundervoll, doch ein wenig zu eigenartig, ein wenig zu ausgefallen, ein wenig zu wundervoll. Sie wurde nach außen hin ungeheuer komplex, doch im Innern bewahrte Madame Boliver immer noch ihre Ehrlichkeit, ihre Offenheit und ihre Schlichtheit.

Und dann mußte Madame Boliver sich eines Tages hinlegen. Es begann mit Kopfschmerzen und endete mit starken Schüttelfrösten. Sie hoffte, am nächsten Tag wieder aufstehen zu können, und lag dann eine Woche im Bett. Sie verschob ihre Gesellschaft, weil sie annahm, bald wieder auf den Beinen zu sein, statt dessen hielt sie sie in einem Sessel sitzend ab, von Kissen gestützt.

Petkoff war besorgt und verdrossen. Er hatte Madame Boliver eine Menge Zeit geschenkt, und er hatte auf eine selbstsüchtige, alles umfassende Weise viel für sie übrig. Als sie nicht mehr aufstand, zerbrach er einen venezianischen Becher, indem er ihn in den Kamin warf. Als sie darüber lachte, brach er plötzlich in sehr heftiges Weinen aus. Sie versuchte, ihn zu trösten, doch er wollte sich nicht trösten lassen. Sie versprach ihm, daß sie bald wieder auf den Beinen sein werde, wie eine Mutter einem Kind einen langersehnten Gegenstand verspricht. Als sie sagte: »Bald geht es mir wieder gut, Lieber, schließlich bin ich doch eine junge Frau«, hörte er auf und schaute sie durch einen Film schmerzlicher Tränen an.

»Aber bist du das denn wirklich?« fragte er und ließ zum erstenmal seine heimliche Befürchtung laut werden.

Und in diesem Augenblick dämmerte ihr das Grauenhafte der Situation. Der Jugend, wenn die Jugend kommt, wie es ziemlich ist, wohnt das Greisenalter inne, das ihren Verlust verschmerzen kann, doch wenn sie kommt, wenn jemand schon alt ist, fehlt ihm die Zeit, ihren Verlust mitanzuschauen.

Sie setzte sich auf und starrte ihn an.

»Ja, nun«, sagte sie trocken und bestimmt, »so ist das nun mal. Ich bin nicht mehr jung an Jahren.«

Sie konnte nicht sagen »nicht mehr jung«, weil sie jung war.

»Es kommt ja auch nicht darauf an.«

»Oh«, sagte sie, »dir wird es nicht darauf ankommen, uns hingegen schon.«

Sie legte sich zurück und seufzte, und kurz darauf bat sie ihn, sie ein Weilchen allein zu lassen.

Als er fort war, rief sie den Arzt.

Sie sagte: »Mein Freund – sterbe ich schon – so bald?«

Er schüttelte nachdrücklich den Kopf. »Natürlich nicht«, versicherte er ihr, »in einer Woche etwa haben wir Sie wieder auf den Beinen.«

»Was hält mich denn dann im Bett fest?«

»Sie haben sich überanstrengt, weiter nichts. Wissen Sie, ein so ausgedehntes gesellschaftliches Leben, liebe Madame, das nimmt noch die Jüngsten mit.« Er schüttelte bei diesen Worten den Kopf und zwirbelte seinen Schnauzbart. Sie schickte ihn ebenfalls weg.

Die nächsten Tage waren glücklich. Sie fühlte sich besser. Sie saß ohne Anstrengung im Bett. Sie genoß Petkoffs liebevolle Aufmerksamkeit, die er ihr mit frischem Eifer zuteil werden ließ. Er hatte Angst gehabt, und er verschwendete mehr übertriebenes Lob und mehr bestrickende Worte auf sie als je zuvor. Er war wie ein Mann, der, als er sein Vermögen schwinden sah, erkannt hatte, wie teuer es ihm doch war und wie unentbehrlich, als es zu ihm zurückkehrte. Dadurch, daß er sie fast verloren hatte, wußte er einzuschätzen, was er empfunden hätte, hätte er sie wirklich verloren.

Es wurde zu einem Scherz zwischen ihnen, daß sie überhaupt irgendwelche Befürchtungen gehegt hatten. Im Klub schlug er seinen Freunden auf den Rücken und rief:

»Gentlemen, eine schöne, junge Frau.« Und dann erwiderten sie gewöhnlich den Schlag und riefen: »Glückspilz!«

Sie bestellte einen großen Wein- und Kuchenvorrat für die Hochzeitsfeier, kaufte ein paar neue venezianische Gläser und genehmigte sich ein paar neue kostbare alte Teppiche für den Fußboden. Sie liebäugelte außerdem ziemlich mit einem neuen Kleid, das für eine bemerkenswert niedrige Summe angeboten wurde, doch sie begann sich zu zügeln, denn sie hatte es eigentlich doch arg übertrieben.

Und eines Tages starb sie.

Petkoff kam in einer aufgewühlten, seltsamen Stimmung. Vier Kerzen brannten zu Kopf und Füßen, und Madame Boliver war schöner denn je. Stampfend, so daß er mit jedem Schritt kleine Staubspiralen vom neu erworbenen Teppich emporsandte, schritt Petkoff neben der Bahre auf und ab. Er beugte sich vor und zündete sich an einer der flackernden Kerzenflammen eine Zigarette an. Madame Bolivers ältliche Schwester, die neben der Toten kniete, hüstelte und blickte vorwurfsvoll in Petkoffs Gesicht hinauf, der einmal mehr jeden und alles vergessen hatte. »Verdammt!« sagte er und schob die Finger in die Weste.

Joachim Ringelnatz

UND ICH DARF NOCH

Hie und da, dann und wann
Ein Wehweh. Doch im Ganzen:
Ich, der ich nicht tanzen kann,
Sehe gern andere tanzen.

Noch immer in Arbeit gestellt
Und die Arbeit genießend,
Finde ich dich, ausstudierte Welt,
Immer neu fließend.

Gehe durch die Straßen einer Stadt,
Um Dinge herum, die stinken.
Was Beine oder keine Beine hat,
Kann blinken oder winken.

Ich kann einen Pflasterstein,
Der am Rinnstein liegt, aufheben.
O schönes Auferdensein!
Und ich darf noch leben.

Elias Canetti

Lob des Alters

Ein Alter zu erreichen, das man sich wünscht, nicht weil es ein ideales Alter gibt, sondern weil man die Vorstellung loswerden soll, daß es ein Alter gibt, das für alle zu bevorzugen wäre.

Diese Vorstellung habe ich nie gehabt. Erfahrung wollte ich, die Kenntnis nämlich vieler Menschen, Zeit zu dieser Kenntnis, sodaß man sie immer wieder bedenken kann, nach langen Pausen, in denen sie vielleicht für einen verschwunden waren.

Es ist eine wunderbare Vorstellung, ein- und denselben Menschen zehn- oder zwölfmal zu kennen, ihm so oft zu begegnen, als habe man ihn nie gekannt, aber ohne die Erinnerung an ihn verloren zu haben, ihn *mit sich*, nicht nur mit anderen zu vergleichen. Die Tradition, die ein Mensch in einem gewinnt, durch die Jahre, in denen man von ihm gewußt hat, genügt nämlich nicht. Sie setzt Rost an, und dazu sollte einem jeder Mensch zu gut sein. Wohl aber gibt es die Möglichkeit, daß der Einzelne sich für einen zu dem Vielfachen bündelt, das er ja auf alle Fälle ist, und dazu braucht man neue Begegnungen mit ihm, nach langen Pausen. In anderen Worten würde das bedeuten, daß man sich nie an einen Menschen gewöhnt. Daß man über ihn staunt, als hätte er sich einem noch nie dargestellt, einem nichts angetan, einen nicht beglückt. Die Erwartung, die man jedem neuen Menschen entgegenbringt, hätte man dann auch für solche, die man schon vor Jahrzehnten gekannt hat.

Für diesen Prozeß einer Vervielfachung der einzelnen Menschen braucht man ein langes Leben. Es mag viele Nachteile haben, alt zu sein. Es hat unvergleichlich größere Vorteile.

Da ist zum Beispiel das Wagnis der Erinnerung. Man darf sich ihr hingeben, ohne Götzenkult mit sich zu betreiben. Es ist ein unendlicher Reichtum an Dingen da, die alle zu erforschen wären. Unerschöpflich die Welt, die der Mensch aufgenommen hat, phantastisch die Formen, die Dinge in ihm angenommen haben. Selbst die Entstellungen haben ihre Wahrheit, wenn sie nur klar genug gefaßt werden.

Ein anderer Nutzen, für den ich dieses kalte Wort nicht scheue, wäre die Prüfung der Moralgesetze, die einem früh eingesagt wurden, nach denen man im großen und ganzen gelebt hat. Stimmen sie? Oder sind sie nicht fein genug? Bedürfen sie einer Korrektur? Wie soll man das wissen, ohne ihre Erfahrung über lange Strecken der Zeit und ohne Einsicht in diese Erfahrung?

Selbst der furchtbarste Nachteil eines langen Lebens, das was daran so entsetzlich erscheint, daß man sich manchmal versucht fühlen könnte, es darum allein zu beenden – die Tatsache, daß man so viele überlebt hat, ist nicht ganz so hoffnungslos, wie man denkt. Man kann nämlich die, die vor einem gestorben sind, zu ihrem Leben zurückholen, indem man sie darstellt. Das allerdings ist nicht eine Sache der freien Wahl, das zu tun ist eine oberste Schuldigkeit, und nur wer die Toten so darstellt, wie sie wirklich waren, ohne Abstrich und ohne Verklärung, der ist vor dem Schicksal derer geschützt, die sich an denen, die sie überlebt haben, *mästen*.

Das Alter ist eine Reduktion nur für den, der es nicht verdient. Man verdient es, indem man sich nicht zurückzieht, oder nur als Wechsel zu einer strengeren und anspruchsvolleren Form von Leistung. Sie setzt ein Leben für alle voraus, die gescheitert sind, aber auch für alle, von denen man spürt, daß sie vielleicht nicht scheitern werden. Ich möchte das das doppelte, das Janus-Gesicht des Alters nennen: das eine ist den Geschlagenen zugewandt, das andere denen, die noch nicht, ja vielleicht nie zu schlagen waren.

Arthur Schnitzler

Ein Gespräch

Georgs Augen ruhten auf Therese, die wieder ganz weiß wie morgens, diesmal noch eleganter, in englisches gesticktes Leinen gekleidet war und um den freien Hals eine Schnur aus lichtrosa Korallen trug. Während die beiden Frauen über den sonderbaren Zufall ihres Wiedersehens sprachen, erhob sich Georg, um Aufträge für das Diner zu erteilen. Als er in den Garten wiederkehrte, waren die beiden andern nicht mehr da. Er sah Therese auf dem Balkon, den Rücken an das Geländer gelehnt, mit Anna reden, die unsichtbar, in der Tiefe des Zimmers weilen mochte. In guter Stimmung spazierte er in den Alleen hin und her, ließ Melodien in sich singen, fühlte seine Jugend und sein Glück, warf zuweilen einen Blick auf den Balkon oder über die Balustrade auf die Straße und sah endlich Demeter Stanzides herankommen. Er ging ihm entgegen. »Seien Sie willkommen,« begrüßte er ihn am Gartentor. »Die Damen sind oben auf dem Zimmer, werden aber bald erscheinen. Wollen Sie sich indessen ein bißchen den Park ansehen?«

»Gern.«

Sie spazierten miteinander weiter.

»Haben Sie die Absicht, länger in Lugano zu bleiben?« fragte Georg.

»Nein, wir fahren morgen nach Bellaggio, von dort an den Lago Maggiore, Isola bella. Die ganze Herrlichkeit dauert ja nimmer lang. In vierzehn Tagen müssen wir wieder zu Hause sein.«

»So kurzen Urlaub?«

»Ach, es ist nicht meinetwegen. Aber Therese muß zurück.

Ich bin ein ganz freier Mann. Ich hab schon meinen Abschied im Sack.«

»Sie wollen sich also ernstlich auf Ihr Gut zurückziehen?«

»Mein Gut?«

»Ja, ich hab so was gehört, bei Ehrenbergs.«

»Aber ich hab doch das Gut noch gar nicht. Steh allerdings in Unterhandlungen.«

»Und wo werden Sie sich ankaufen, wenn ich fragen darf?«

»Wo sich die Füchs' gute Nacht sagen. Es wird Ihnen wenigstens so vorkommen. An der ungarisch-kroatischen Grenze. Ziemlich einsam und entlegen, aber sehr merkwürdig. Ich hab eine gewisse Sympathie für die Gegend. Jugenderinnerungen. Drei Leutnantsjahre. Offenbar bild ich mir ein, ich werde dort wieder jung werden. Na, wer weiß.«

»Eine schöne Besitzung?«

»Nicht übel. Vor zwei Monaten hab ich sie mir wieder angesehen. Hab sie nämlich schon aus früherer Zeit gekannt. Dem Grafen Jaczewicz hat sie gehört dazumal. Zuletzt einem Fabrikanten. Dem ist seine Frau gestorben. Jetzt fühlt er sich einsam da unten und will's los werden.«

»Ich weiß nicht,« sagte Georg, »aber ich stell mir die Gegend ein bissel melancholisch vor.«

»Melancholisch? Na, mir scheint, in einer gewissen Lebensepoche kriegt jede Gegend ein melancholisches Ansehen.« Und er blickte rings um sich, wie um sich einen neuen Beweis von der Wahrheit seiner Worte zu verschaffen.

»In welcher Epoche?«

»Na, wenn man anfängt alt zu werden.«

Georg lächelte. Demeter erschien ihm so schön, und trotz der grauen Haare an den Schläfen noch jung. »Wie alt sind Sie denn Herr Stanzides, wenn ich fragen darf?«

»Siebenunddreißig. Ich sag ja nicht alt sein, sondern alt werden. Die Menschen reden meist erst vom Altwerden, wenn sie's schon lang sind.«

Am Ende des Gartens, dort wo er an die Mauer stieß, setzten sie sich auf eine Bank. Von hier aus hatten sie das Hotel und die große Gartenterrasse im Auge. Die obern Stockwerke mit den Balkons waren ihnen durch die Baumkronen verborgen. Georg bot Demeter eine Zigarette an und nahm sich selbst eine. Und beide schwiegen eine Weile.

»Sie gehen übrigens auch von Wien fort, hab ich gehört,« sagte Demeter.

»Ja, das ist sehr wahrscheinlich ... wenn ich nämlich eine Stellung an irgendeiner Opernbühne bekomme. Na und ist's heuer nicht, so ist's nächstes Jahr.«

Demeter saß mit übereinandergeschlagenen Beinen, hielt das eine mit der Hand beim Knöchel fest und nickte. »Ja, ja,« sagte er und blies den Rauch langsam und schmal durch die Lippen. »Ein Talent zu haben ist schon was Schönes. Da muß sich auch das mit den Lebensepochen irgendwie anders verhalten. Das ist eigentlich auch das einzige, um was ich einen Menschen beneiden könnte.«

»Dazu haben Sie doch keinen Grund. Überhaupt Leute mit Talent sind gar nicht zu beneiden. Höchstens Leute mit Genie. Und die beneid ich wahrscheinlich noch mehr, als Sie es tun. Aber ich finde, Talente, wie das Ihrige, sind etwas viel Absoluteres, etwas viel Sichereres sozusagen. Man ist halt gelegentlich nicht in Form, gut ... aber da leistet man, wenn man überhaupt was kann, noch immer sehr Beträchtliches, während unsereiner, wenn er nicht in Form, gleich ein vollkommener Pfründner ist.«

Demeter lachte. »Ja, aber es *halt'* länger, so ein künstlerisches Talent, und es bildet sich mit den Jahren sogar weiter aus. Zum Beispiel der Beethoven. Die neunte Symphonie ist doch die allerschönste, nicht wahr? Na, und der zweite Teil Faust! ... Während wir mit den Jahren unbedingt zurückgehen, da hilft nichts. Selbst die Beethovens unter uns! Und wie früh das schon anfangt. Von ganz seltenen Ausnahmen abgesehen. Ich zum Beispiel war mit fünfundzwanzig auf der Höhe. Nie wieder hab ich das erreicht, was ich mit fünfundzwanzig in mir gehabt hab. Ja, lieber Baron, das waren Zeiten!«

»Na, ich erinnere mich, Sie vor zwei Jahren ein Rennen gewinnen gesehen zu haben gegen Buzgo, der damals Favorit war, ... ich hab sogar auf ihn gewettet gehabt ...«

»Lieber Baron,« unterbrach ihn Stanzides. »Glauben Sie mir, ich weiß, warum ich aufgehört hab. So was kann man nur selber spüren. Und darum weiß eben keiner so gut, wann das Altwerden anfängt wie ein Sportsmann. Da nützt auch alles Weitertrainieren nicht. Es wird nur eine künstliche Sache. Und wenn Ihnen einer erzählt, daß es anders ist, dann ist er einfach ... aber da kommen ja unsere Damen.«

II

MEIN SPIEGEL LÜGT!

Ignaz Franz Castelli

Wunsch eines Lebenslustigen

Das Leben ist doch wirklich gar zu schön,
Ich mag nicht gern von dieser Erde geh'n,
   Wo freudenreich die Tage uns verfließen;
Und wenn ich irgendwo ein Ländchen wüßte,
Wo's Sitte wär', daß man nicht sterben müßte,
   Dort ging ich hin, mein Leben zu beschließen.

Dieter Hildebrandt

50 plus Feierabend

Den Fünfzigern ist mit der Bezeichnung 50 plus eine deutliche Grenze gesetzt. Von jetzt an sind die Alten ein großes Problem in der Gesellschaft. Und das scheint ein noch größeres zu sein als das des Kindes. Kinder kann man verhüten.

Wie will man Alte verhüten? Sie sind da, und die Gesellschaft hat die moralische Verpflichtung, ihren Feierabend menschlich zu gestalten. Ganz schnell schuf sie eine Theorie, die zunächst einmal die Sprache erarbeitete, die notwendig war, um die Altersgruppen auseinanderhalten zu können.

Ab 50 setzt das normale Aging ein, das Altern. Daraus ergibt sich die Möglichkeit, dem Altern etwas entgegenzusetzen: das Anti-Aging. Dafür gibt es heute einen gewaltigen Markt, der, je nach Finanzkraft des Einzelnen, alles bietet, was äußerliche Anzeichen des Alterns operativ beseitigt, innerliche durch seelenstärkende Kurse bekämpft und alles in allem hilft, den Geldüberhang bei wohlhabenden älteren Menschen abzuschöpfen.

Das wiederum entlastet unsere überforderte Justiz, die ärgerliche und langwierige, meistens sogar menschenunwürdige Erbschaftsprozesse führen muss. »Ist das Geld am Ende weg – kriegen die Kinder einen Dreck.« Da hat offenbar ein Umdenken stattgefunden. Früher haben die Alten nur dafür gelebt, etwas hinterlassen zu können. Heute schluckt das schon die Aging-Bewegung. Wer ins Heim muss, hat Pech. Aber da sind die Old-Ager gut aufgehoben. Praktisch ist das auch eine Art Krippe, so ein Heim. Da rundet sich der Bogen.

Die New-Ager, die älteren Menschen, die durch Anti-Aging wieder wie neu werden, heißen im Fachjargon jetzt

Best-Ager. Menschen mit Zeit, Geld und steigender Lebenserwartung. Sie fangen noch einmal an zu studieren, beginnen Golf zu spielen, tragen saloppe Kleidung, gehen öfter als früher ins Theater, lieben Gruppenerlebnisse auf längeren Studienreisen und Kreuzfahrten. Eine höchst erfreuliche Erscheinung.

Die Mittelstands-Ager, mit festen, aber nicht besten Pensionen, könnte man als Good-Ager bezeichnen, deren Feierabend man schon in die Hand nehmen muss, weil sie sich sonst vielleicht allzu schnell ihrem Alter ergeben. Dafür gibt es dann Unternehmen – eines heißt zum Beispiel »Feierabend-AG« –, die dafür sorgen, dass die leidlich zahlungsfähigen Good-Ager nicht in die zahlreichere Gruppe der Bad-Ager abrutschen, bei der erfahrungsgemäß kaum ein Euro zu holen ist.

Die Gesamt-Aging-Bewegung mit den Untergruppen Best-Ager, New-Ager, Bad-Ager, aber auch Fast-Ager, Long-Ager und Old-Ager teilt sich wiederum in zwei große Gruppen, nämlich die West-Ager und die Ost-Ager. Und die sollen, zur großen Empörung der West-Ager, angeblich höhere Renten und Pensionen beziehen. Für die Aging-Konzerne existiert diese Einteilung aber nicht. Die unterscheidet insgeheim nur zwischen zwei Agern, den In-Agern und den Out-Agern. Out-Ager sind in den meisten Fällen Home-Ager. Oder auch Heim-Ager. Sie sitzen vor ihren PCs und spielen!

Es ist die sensationellste Mitteilung der letzten Jahre! Der Sprecher der »Electronic Arts«, einem der weltgrößten Hersteller von Computerspielen, sagt: »Die Generation 50 plus ist die am stärksten wachsende Zielgruppe für Computerspiele.«

Ätsch, ihr Young-Ager!

Und man gibt ihnen, den 50-plus-Oldies, den treffenden Namen: »Silver-Gamer«. Und die spielen keine Killerspiele. Da werden keine Menschen oder Monster umgelegt, auch keine Kollateralschadenspiele gespielt, sondern Spiele mit geistigem Anspruch. Und aus den Reihen der Silver-Gamer kommen immer wieder Vorschläge für neue Spiele.

Zum Beispiel soll es ein brandaktuelles Spiel geben, das die Wiedervereinigung noch einmal durchspielt. Einem der Spieler soll es gelungen sein, Schalck-Golodkowski zum Bundeskanzler zu machen und Helmut Kohl nach Chile fliehen zu lassen. Es soll noch andere interessante Simulationen geben. Das Revoluzzer-Aging.

Heiminsassen jagen Heimleiter und ungeliebte Pfleger. Es kommt niemand zu Schaden, heißt es, aber es würde Spaß machen. Der Silver-Gamer jagt arroganten Heimleiter, der ihn angeschnauzt hat, durch das Heim, erwischt ihn, tut ihm nichts, aber der Heimleiter verschwindet unter einem Berg nasser Windeln, die aus einer Klappe über ihm herunterfallen.

Es sollen noch viel mehr solcher amüsanter Spiele in Vorbereitung sein. Ein besonders lustiges Revoluzzer-Game hat den Namen »Ministerbesuch«.

Der Minister bekommt das Essen vom Vortag. Ihm wird schlecht, und er wird ins Bett gelegt und fixiert. Zunächst mit Handschellen. Und wenn er aufmuckt, kriegt er Maulschellen. Wie gesagt, nur eine Simulation, aber seit es im Ministerium bekannt ist, grübeln die Damen und Herren dort, wo die Erfinder dieses Games die Information herhaben.

Péter Esterházy

Der Fremde in mir

Wenn ich mich nicht mehr kennen werde

Fünfzig Jahre alt zu sein ist vom Alter (und von der Jugend) her gesehen: lächerlich. Ich werde (wenn überhaupt) in diesem Jahr fünfzig: Um jung zu sein, bin ich zu alt, um alt zu sein, zu jung – das ist kein ideales Alter, um solche Artikel zu schreiben. Vom Thema her geht es eher um die Zeit der Koketterien und um Selbstmitleid.

Ich bin nicht alt, aber die Zeit um mich herum altert. Noch pflege ich die Welt nicht so aufzuteilen: früher und jetzt. Einst und jetzt: Das ist das sine qua non des Alters. Aber schon sage ich immer wieder: noch. Noch bin ich nicht so richtig krank gewesen. Immer noch arbeite ich viel. Immer noch schlafe ich gut (begabt).

Wer »noch« sagt, kennt auch das »schon«. Schon sind meine Gelenke (das Kreuz und so weiter) nicht mehr die alten.

Diese metaphysische Dimension des Jammerns kenne ich als ausgedienter Fußballspieler. Als solcher habe ich Erfahrungen mit dem Körper, nämlich mit dem Altern, mit jener Hinfälligkeit der Zellen, die spätestens mit dreißig Jahren beginnt.

Unsere Zellen marschieren wirklich in Richtung Tod – in unserem ganzen Leben. Früher oder später ist es unmöglich, nicht daran zu denken, daß wir Hand in Hand mit ihnen gehen … Alle kleinen Muskelzerrungen (oder um davon zu reden, was heute vormittag konkret der Fall war: all meine gezerrten, entzündeten Achillessehnen) erinnern an den Tod und nur an den Tod. In dieser Hinsicht ist der Fußball unerbittlich, unerbittlicher als beispielsweise Tennis, denn er verlangt einem Bewegungen ab, die man nach vierzig (mit seltenen Ausnahmen) nicht leisten kann. Es muß aber nicht nur davon die Rede sein, daß wir das, was wir tun, immer schlechter tun, sondern daß wir etwas tun, von dem wir sicher wissen, daß wir – wenn wir es je richtig konnten – bald nicht mehr in der Lage sein werden, es zu tun.

Das heißt, wir sind verdreht, aus uns selbst verdreht. Der Fußballplatz, der bis dahin – vom Bett und so weiter abgesehen – der uns vertrauteste Ort war, ist mit einem Male ein fremder, feindlicher Raum. In dem wir nur geduldete Gestalten sind.

Solche Warnungen sind spielerisch, aber gerade deshalb (tödlich) ernst. Sie setzen einem nicht mit der Trivialität von Krankheiten zu. Sich vom Tode gezeichnet zu fühlen ist leicht, zumindest ist es selbstverständlich, wenn man schwer krank darniederliegt. Sich aber gesund, im wesentlichen fit und jugendlich (allerdings auf der Reservebank) im Bann der Vergänglichkeit zu sehen, ist ein tiefernstes, vertracktes Erlebnis. Erfahrungen mit solch philosophischer Tiefe hat jeder drittklassige Fußballspieler.

Ich kenne durchaus Ängste vor dem Alter. Vor Krankheiten, Schmerzen, vor den wachsenden Schwierigkeiten der Instandhaltung. Das Kranksein als Beruf: Das ist der Zustand, dem ich mich entziehen möchte. Die Hölle stelle ich mir als ein Krankenhaus vor. Aber das gehört zu den kleineren Ängsten. Die größere Angst betrifft die Veränderung des gesamten Menschen, die Veränderung, die von der Beschaffenheit dessen, der sie erleidet, scheinbar unabhängig geschieht – und darauf bezieht sich die Angst, nicht auf die Veränderung selbst. Daß es also unerfindlich bleibt, wie wir im Alter sein werden. Theoretisch könnte das auch spannend sein, aber es ist eher beängstigend. Selten kommt etwas Besseres nach.

In vielen guten alten Bekannten treffe ich mit einem Mal

einen neuen Menschen an. Einen Fremden. Meine Mutter zum Beispiel hatte plötzlich einen veränderten Geruch. Angesichts dieser Fremdheit war ich geradezu beleidigt.

Und beleidigt erwarte ich (leider) auch meinen eigenen Fremden (den eigenen neuen Geruch). Natürlich werde ich ihn nicht erkennen. Denn auch das gehört zum Älterwerden: die Machtlosigkeit, das fehlende Reflektieren. Man kann sich nicht vorbereiten. Und es ist nicht möglich, einen jüngeren Freund zu bitten, mich auf den Fremden aufmerksam zu machen, sobald er ihn in mir auftauchen sieht. Es wäre sinnlos, weil ich nicht den Fremden sehen würde, sondern nur mich selbst. Ich werde glauben, es gehe um mich, ich sei es, der redet, der handelt.

Einwenden könnte man, daß es sich vielleicht jetzt schon so verhält. Solche Einwände würde ich sowohl jetzt als auch in dreißig Jahren aufgebracht zurückweisen. Du meine Güte, sind denn alle verblödet! würde ich sagen. Obwohl ich es bin, der verblödet. Die Armen, würde ich sagen. Der Arme, würde man von mir sagen.

An den Tod denke ich (noch) nicht, sondern nur (schon) an jenen Fremden. Aber ich werde ja nie seine Bekanntschaft machen, ich werde nur mich selbst sehen ... so daß also ... Probleme gibt es also nicht. Alles in Ordnung. Es sieht aus, als sei diese Welt die beste aller möglichen Welten. Ich kann in Frieden ruhen. Amen.

Der in mir wachsende Fremde interessiert mich nicht, weil er mich nicht interessieren kann, wohl aber die wachsende Fremdheit der Welt. Die interessiert mich selbst dann noch, wenn sozusagen »in dieser Welt meine Rolle immer kleiner sein wird«. Diese Aussage soll nicht nach Resignation klingen, sie soll nur beschreiben.

Dem widerspricht scheinbar, daß ich ungern wieder zwanzig wäre. Allerdings möchte ich auch nicht achtzig sein. Mir wäre es recht, wenn ich am Freitag, dem vierzehnten

April, wenn die Sonne um vier Uhr siebenundfünfzig aufgeht und um achtzehn Uhr zweiunddreißig untergeht, fünfzig sein könnte.

PS: In einer Hinsicht wäre ich froh, achtzig zu sein. Dann müßte ich die Wohnung nie mehr im Leben streichen lassen, nie mehr.

Friedrich Hölderlin

Ehmals und jetzt

In jüngern Tagen war ich des Morgens froh,
 Des Abends weint ich; jetzt, da ich älter bin,
  Beginn ich zweifelnd meinen Tag, doch
   Heilig und heiter ist mir sein Ende.

Silvia Bovenschen

Älter werden

Mode

Einst interessierte ich mich für Mode, für das Zeitgemäße an sich. (Hierin war ich für eine lange Zeit ganz auf der Höhe.) Und weil sie mich alltagspraktisch interessierte, rückte ich sie vorübergehend auch ins Zentrum meiner theoretischen Bemühungen. Das machte Freude, weil das Thema zu dieser Zeit in akademischen Kreisen noch anrüchig war. Die Hauptsache war doch immer, sich nicht zu langweilen.

Jetzt sind die Aktualitäten der Mode etwas in den Hintergrund meines Lebens gerückt. Minirock, Hüfthose und Bauchfreihemdchen sind die Sache einer Sechzigjährigen nicht. Das kränkt nicht, denn alles, was ins Niedliche, Putzige, Infantile weist, hat schon in modefreudiger Jugend nicht mein Gefallen gefunden. Die fortgeschrittenen Jahre erzwingen eine Abwägung zwischen dem Zeitgemäßen und dem Altersgemäßen.

Auf diesem Sektor meiner Existenz ist eine Beruhigung eingetreten. War ich früher kleiderästhetisch fasziniert von Exklusivität, Wirkung und Wagnis, so richtet sich jetzt mein Augenmerk vornehmlich auf Materialqualität, Verarbeitung, Schnitt und Sitz – auch der Aspekt der Wärmegebung ist hinzugekommen. Irgendwie läuft das auf die Suche nach der Jacke an sich hinaus. Man muß aufpassen, daß sich nicht altersbedingt die Fundamentalismen einnisten in die Bereiche, in denen die Reizbarkeit etwas nachläßt.

Schönheit. Verlust

»Ach, da bin ich richtig froh, daß ich nicht mehr achtundvierzig Jahre alt bin, sonst müßte ich mir jetzt basal und instinktiv die Frage stellen, ob es in meinem Verschulden läge, daß ich nicht mehr aussähe wie Catherine Tramell (Sharon Stone), so glatt, so straff, so sexy«, sagt eine ältere Bekannte, der ich im Foyer eines Kinos begegne.

»Ich kann gut älter werden, weil ich nicht schön war in meiner Jugend«, sagt eine sympathische Dame, die ich ein wenig kenne.

Anderen, die ich besser kenne, ergeht es schlechter, jene, deren Selbstwertgefühl sehr stark mit den Graden ihrer erotischen Attraktivität verknüpft ist. Wann und wie finden solche Verknüpfungen statt? Sie müssen mehr leiden, mit jedem Jahr und jeder Falte. Haben sie in den attraktiven Jahren wenigstens den Rahm abgeschöpft?

Mir fällt die Äußerung meiner Freundin M.-L. Sch. ein, die einmal von einer Frau, die ich nicht kenne, sagte: »Sie war vollkommen vergeblich schön.« Ich betrachte eine Photographie, die mich zeigt. Sie wurde vor etwa zehn Jahren aufgenommen. Ich erinnere mich, daß ich diese Ablichtung damals abscheulich fand (ältlich, unvorteilhaft) und nur vergessen hatte, sie zu vernichten. Jetzt finde ich, daß ich darauf, verglichen mit meinem heutigen Zustand, recht passabel aussehe.

Jetzt würde ich gerne so aussehen. Offensichtlich hat sich etwas in mir schon mit den weiter zurückliegenden Verlusten abgefunden, denn ich käme nicht auf die Idee, mir ein Aussehen zu wünschen, wie ich es mit zwanzig Jahren hatte.

Die Person, die die Photographien dieser Zeit zeigen, ist mir fremd. Ja, das war ich. War ich das?

Damals (in meinen »zwanziger Jahren«) hatte ich ein Aussehen, mit dem ich (das sage ich aus heutiger Perspektive, gewissermaßen so, als wäre ich meine eigene Mutter) durchaus zufrieden hätte sein können. War ich aber nicht. (Keine Zwanzigjährige ist mit ihrem Aussehen zufrieden.) »Kind, versündige dich nicht«, sagte meine unfromme Mutter, wenn ich mein Aussehen bemängelte.

Aber die Blicke, die mich trafen, die Avancen (dieses Wort war schon zu »meiner Zeit« aufgegeben), die ich erhielt, signalisierten mir doch, daß ich mir über mein Aussehen keine übertriebenen Sorgen machen mußte. Auch in meinem Falle war das etwas »vergeblich«. Damals witterte ich in jedem Kompliment, das mein Äußeres betraf, eine Abwertung meines intellektuellen Vermögens. Ich zog keinen Honig aus dergleichen. Heute hingegen gebe ich mich noch der unaufrichtigsten, auf mein Erscheinungsbild gerichteten, Schmeichelei unkritisch hin.

*

Wahlalter

»Wenn eine gute Fee käme und du dir ein beliebiges Alter aussuchen könntest, welches würdest du wählen?« frage ich meine Freundin F. G. (achtundachtzig). »Anfang vierzig«, sagt sie ohne zu zögern. Ja, das wäre auch mein Wahlalter. Ich starte eine kleine Umfrage unter denen, die älter als fünfzig sind. Alle, wirklich alle, Männer wie Frauen, nennen diese Altersstufe. Auch die Begründungen sind identisch: Man habe die gröbsten Verklemmungen und Verwicklungen hinter sich und noch eine geräumige Zukunft vor sich (wenn alles gut gehe). Betrifft diese beste aller Altersmöglichkeiten nicht genau das Alter, in dem die quälende Midlife-crisis angesiedelt wird? Uns ist selbst unter dem Einsatz guter Feen nicht zu helfen.

Robert Gernhardt

ALS ER SICH MIT VIERZIG IM SPIEGEL SAH

Seht mich an: Der Fuß der Zeit
trat mir meine Wangen breit.
Schaut mein Ohr! Die vielen Jahre
drehten es ins Sonderbare!
Ach des Kinns! Es scheint zu fliehn,
will die Lippen nach sich ziehn!
Ach der Stirn! Die vielen Falten
drohen mir den Kopf zu spalten!
Die Nase! Oh, wie vorgezogen!
Der Mund! So seltsam eingebogen!
Der Hals! So krumm! Die Haut! So rot!
Das Haar! So stumpf! Das Fleisch! So tot!
Nur die Augen, lidumrändert,
strahlen blau und unverändert,
schauen forschend, klar und mild
aufs und aus dem Spiegelbild,
leuchten wie zwei Edelsteine –
sind das überhaupt noch meine?

Hellmuth Karasek

Die Wut über den verlorenen Groschen

> Ja, ja, lang leben will halt alles,
> aber alt werden will kein Mensch.
>
> *Nestroy*

Gott, was habe ich mich über den älteren Herrn geärgert, neulich beim Bäcker! Wie er umständlich in Taschen und im Portemonnaie nach den Cents fingerte, die er immer noch Pfennige nannte: »Ich glaube, ich hab es passend! Ach nein, das is 'n Sechser! Ich meine, ein Fünfer! Hahaha! Mein Großvater hat den Fünfer noch Sechser genannt, damals war das Geld noch nicht dezimal ...« Wieder lacht er mit einem leichten Hüsteln, weil er merkt, dass er geschwätzig zu werden droht. »Egal! Schrecklich, das neue Geld! So schwer auseinanderzuhalten! Wie soll man sich daran gewöhnen!«

Wie er mit der jungen Verkäuferin zu flirten versuchte. Irgendwas von knackig und frisch in Bezug auf Brötchen sagte und sie dabei angrinste. Wenn er sie wenigstens wirklich angegrinst hätte, aber er lächelte so spitz, als wollte er gleich pfeifen. O Gott! Lächelte sie zurück? Gequält? Und als er merkte, dass er etwas vergessen hatte, und mit gespielter Selbstironie sagte: »Wo hab ich bloß wieder meine Gedanken!« Fast hätte er gesagt: »Was man nicht im Kopf hat, das muss man in den Beinen haben, ha, ha!« Aber das murmelte er, was noch schrecklicher war, nur vor sich hin, weil er noch rechtzeitig begriff, dass er überhaupt noch nicht aus dem Laden gegangen war, er brauchte sich ja bloß noch einmal umzuwenden. Nichts musste er in den Beinen haben! Aber alles im Kopf.

Verdrehten die anderen Kunden, die zwei kleine Schlangen vor den Verkäuferinnen bildeten, die Augen hinter seinem Rücken? Er vermeinte das im Blick und Gesichtsausdruck der Verkäuferin zu sehen.

Diese älteren Leute, dachte ich schon, aber da merkte ich, dass *ich* es war, über den ich mich geärgert hatte und den der Jüngere in mir (der Junggebliebene will ich nicht sagen) beiseiteschubsen wollte. »Nun mach mal, Alter! Sonst ist bald Weihnachten.«

So ist das mit dem Altwerden, dem Älterwerden, das ein Altsein ist: Immer guckt ein Jüngerer zu: dem Alter Ego ein altes Ego. Im Spiegel, beim Rasieren, schau ich mich an, während ich das grüne Gel auf der Backe zu weißem Schaum verreibe, und denke: Ich seh aus wie mein Vater! Nur dass der einen Rasierpinsel hatte, Dachshaar, sagte er stolz.

Wir ähneln uns schon verdammt sehr, denke ich, und so war er, als er zehn Jahre jünger war, als ich es jetzt bin, und dass er damals zehn Jahre älter ausgesehen hat als ich jetzt. Und ein bisschen traurig-schadenfroh denke ich: Das kommt davon, dass er Sport getrieben hat, immer. Und nicht erst so spät wie ich! Immer Sport getrieben – und nie was getrunken. Wie hat er immer gesagt: »Mein Vater (also sein Vater, mein Großvater) hat gesagt, ein Vater kann vier Söhne ernähren. Und vier Söhne können keinen Vater ernähren!« Das stimmt. Aber ich habe nur drei Söhne. Und mein Vater hatte auch nur drei Söhne. Und sein Vater auch, vier Kinder, drei Söhne!

Jetzt hat die Verkäuferin zu dem Alten, als wollte sie ihn aus dem Laden schieben, »junger Mann!« gesagt! Junger Mann! Die hat's nötig. Ausgerechnet die. Die neulich, am Sonntag vor einer Woche, als ich drei Zeitungen, ein Baguette, zwei Kümmelstangen und zwei Brezeln gekauft hatte, zur Kasse ging, die von ihrer Kollegin offen gelassen worden war. Sie schob die Kasse zu. Und die andere, auch eine junge Türkin oder so, hatte noch nicht bonniert. Und da sagte meine Verkäuferin: Du hast nicht bonniert. Und dann suchte sie einen Kugelschreiber, fand ihn, suchte einen Zettel, fand auch den. Und begann die Zahlen hinzuschreiben. Erst nebeneinander, dann untereinander. Zwei Brezeln, das macht ... Die »Welt am Sonntag«, das macht ... Sie schrieb Zahlen untereinander, blies sich die Haare, die sehr dunkel glänzend beim Beugen des Kopfes nach vorn gefallen waren, aus dem Gesicht, kritzelte sinnlos Zahlen, warf den Kugelschreiber hin, rief in die Backstube: »Mirko, hast du ein' Taschenrechner?« Und um ein Haar hätte ich gesagt: Fünf schreib hin! Eins im Sinn! Aber da hatte der nun wirklich »junge Mann« mit dem Dreitagebart schon den Taschenrechner gebracht, und so konnte ich mein Wissen aus der guten alten Zeit, meine Altersweisheit »Fünf schreib hin! Eins im Sinn!« nicht anbringen. Stattdessen hatte ich mich gefragt: Heißt das wirklich noch Kugelschreiber? Oder einfach Stift! Und seit wann hat der Kugelschreiber keine Kugel mehr? Und dann hatte ich gedacht: Ist ja auch egal. Und war hinausgegangen aus der Bäckerei auf die Straße.

Und während ich jetzt die Bäckerei verlasse, höre ich die Verkäuferin mir nachrufen: »Junger Mann ...« Junger Mann! Das klingt nicht einmal mehr wie Hohn. »Junger Mann ... Ihr Schuh ist offen. Sie werden hinfallen!« Ich drehe mich mit einem verlegen dankbaren Lächeln um. »Ich weiß«, sage ich, gehe aber weiter. »Sie werden hinfallen!« »Ich weiß!«, sage ich. »Ich pass schon auf!« Und ich gehe weiter, als wäre nichts passiert.

Ich gehe weiter, spähe nach einem Mäuerchen, einem Zaun, Gitter, Haus, suche am Straßenrand ein Auto mit geeigneter Stoßstange, ein Gebäude mit geeignetem Treppeneingang. Ich will mich nicht vornüberbeugen, mit verzerrtem Gesicht, in das feuerrot das Blut schießt. Ich will auch keine Kniebeuge versuchen. Zwar komme ich, das wäre ja gelacht, noch leicht bis zum Boden. Ich kann einen Groschen aufheben (Groschen!), wenn er mir runterfällt. Bückt sich ein anderer, sage ich: »Lassen Sie's liegen, tritt sich fest!« Wie ich, will mir jemand in den Mantel helfen, sage: »Danke! Geht alleine schwer genug!« Oder mit ebenso gestanzter Schlagfertigkeit: »Danke! (Lachen, gequältes Lachen.) Erst nach dem zweiten Schlaganfall!«

Ich könnte mich also zum Schuhzubinden bücken. Leicht. Aber wie würde ich dabei ächzen, welche Figur abgeben, wie würde ich aussehen, wenn mir beim Aufrichten jemand in das vor Anstrengung verzerrte Gesicht blicken würde. Lieber nicht. Vor allem aber, kurz bücken, das ginge ja noch! Aber einen Schuh zubinden. Wo ich schon von oben sehe, dass das eine Schuhbandende inzwischen so kurz geworden ist, dass ich erst das andere lockern müsste, indem ich von unten die Spannung zwischen den Löchern lockerte, erst in der zweiten Reihe und so weiter bis zur untersten, um dann den Schnürsenkel justierend nachzuziehen. Bis beide Enden etwa gleich lang aus den obersten Ösen hingen. Das würde dauern. Und die ganze Zeit würde sich das Blut im Kopf stauen.

Lieber nicht! Also gehe ich weiter und schaue vorsichtig nach, wie weit das längere Schuhband beim Gehen peitschend ausschlägt. Um nicht draufzutreten und doch zu stolpern oder, wie es mir die Verkäuferin vorausgesagt hat, gar hinzustürzen, lasse ich das Bein mit dem Schuh, aus dem das offene Band bei jedem Schritt um sich schlägt, vom Körper wegschwingen. Es sieht behindert aus, wie ein bei jedem Schritt nach außen kreisendes steifes Bein, ich weiß, aber immer noch besser, als wenn ich jetzt ächzend über den Boden gekrümmt an meinem Schuh herumfingern würde.

Wahrscheinlich habe ich einen zu hohen Blutdruck und zu ungeschickte Finger. Und ein zu steifes Rückgrat! Und einen hinderlichen Bauch. Aber warum habe ich nie gelernt, eine richtige Schuhschleife zu binden? Beziehungsweise: Warum habe ich es gelernt und bin zu ungeduldig, meine Mutter sagte, zu »schlampig«, um mir den Schuh »richtig« zu binden?

Binde dir den Schuh doch gleich richtig zu! Das ist einer der kategorischen Imperative des Alters, die man nie einhält. Ich mache einen Umweg zu einer Bank. Hier habe ich zwei Möglichkeiten. Ich kann stehen bleiben und den Fuß mit dem offenen Schuh auf die Bank stellen. Wenn schon jemand da sitzt, mache ich das nicht, denn das wird nicht gern gesehen. Es droht der Dialog:

»Machen Sie das zu Hause auch so?«

»Was?«

»Den Schuh auf die Bank stellen, auf der andere sitzen!«

»Ich habe zu Hause keine Bank.«

»Aber einen Stuhl.«

»Ja!«

»Und stellen Sie den Schuh, wenn Sie damit schmutzig von der Straße kommen, auf Ihren Polsterstuhl?«

»Nein, da ziehe ich ihn vorher aus. Ich möchte ja auch meine Wohnung nicht dreckig machen.«

»Na, sehen Sie!«

»Was heißt ›Na, sehen Sie!‹? Soll ich hier vielleicht auch den Schuh ausziehen und mit den Socken durch den Dreck laufen?«

»Aber andere Menschen sollen sich in Ihren Schmutz setzen!«

»Sie sitzen ja schon!«

»Aber wenn ich nicht säße und später kommen würde, würde ich mich genau in den Dreck setzen, den Sie hier rücksichtslos …«

Derjenige, der schon auf der Bank säße, wäre auch schon alt. Alte Leute sind rechthaberisch. Und streitsüchtig. Weil sie den Kampf ums Dasein schon aus der Defensive führen. Wer im Rückzug ist, ist besonders aggressiv. Streitsüchtig. Er schlägt um sich, mit Worten, weil die Kraft zu nichts anderem mehr reicht.

Da ich diesen Dialog vermeiden will, setze ich mich auf die Bank. Auch wenn sie leer ist. Auch wenn das Wetter schön und der Weg trocken ist. Ich setze mich, ziehe den Fuß mit dem offenen Schnürsenkel hoch; auch dabei muss ich ächzen, aber mein Gesicht wird nicht hochrot. Elegant sieht das auch nicht aus. Mir fällt ein, dass ich, als ich schon sechzig war, auf einer Liege an einem Pool den großen Zeh beim Sitzen noch in den Mund stecken konnte. Auf einer anderen Liege war ein Baby, das seine kurzen, kugeligen Beine aus den knisternden Windeln streckte. Dann steckte es einen Fuß, der wie eine kleine rote Semmel aussah, in den Mund und krähte vor Stolz.

»Guck mal!«, sagte meine Frau. »Was das Baby kann!«

»Das kann ich auch«, sagte ich. »Glaube ich jedenfalls.« Ich zog den Fuß über den Schneidersitz nach oben, während ich ihm den Rücken entgegenkrümmte und den Kopf entgegenbeugte. Mein Gott, zog und knackte das. Aber es gelang. Während ich dachte, nie wieder, sonst brichst du auseinander, oder dein Zeh bleibt dir ewig im Mund stecken, sagte die Mutter des Babys: »Bravo!«

Ich hatte es für sie gemacht, aber ich krähte nicht.

Ich dachte nur: »Süßer Vogel Jugend!«

Heute würde ich mich vor keinem Baby der Welt, und hätte es noch so rosige Beinchen und noch so knisternde Windeln und krähte es noch so lustig seine hübsche Mutter im Bikini an, mit dem Versuch abstrampeln, meinen großen Zeh zum Mund zu führen. Ich weiß noch, dass auf einer anderen Liege ein junger Mann (der wirklich jung war und deshalb auch von niemandem so angeredet wurde) erst den rechten Zeh in den Mund steckte, dann den linken. Und seine Übung dadurch steigerte, dass er seinen Fuß hinter den Kopf in den Nacken zog.

Meine Frau sagte: »Bravo!«

Er wiederholte das Gleiche mit dem anderen Bein.

Meine Frau sagte wieder: »Bravo!« Die Mutter im Bikini lachte. Das Baby hatte das Interesse an seinen Zehen verloren und knisterte mit den Windeln. Das war im August 93. Am Wörthersee. Das Hotel ist inzwischen ein Seniorenheim. Oder eine Managertagungsstätte. Eine der gehobenen Art. Managertagungsstätten sind die Vorstufe zu Seniorenheimen oder die Nachstufe. Je nachdem, wer eher Pleite gemacht hat.

Ich habe den Schuh jetzt zugebunden. Ich prüfe. Richtig fest sitzt die Schleife nicht. Es liegt daran, dass ich den Finger der einen Hand nicht fest genug auf das übereinandergezogene Band gepresst habe, während ich mit der anderen Hand versucht habe, die Schleife zu vollenden. Als Kind dachte ich, dass man eigentlich zum Schuhzubinden drei Hände bräuchte. Eine Hand, die die beiden Bänder an ihrer Kreuzstelle festhält, zwei Hände, um die Schleife gleichzeitig zu legen. Als meine Mutter einmal meinte, ich hätte zwei linke Hände, vergaß ich schnell den Wunsch nach der dritten. Dass ich ein unterdrückter Linkshänder bin, wurde mir erst klar, als es zu spät war. Daran hat es schon immer gelegen. Jetzt, wo ich das alles weiß, es mir jedenfalls, sobald der Schuh aufgegangen ist, ins Bewusstsein rufen kann, bin ich zu faul und empfinde es als zu lästig, die Schleife noch einmal zu lösen, um sie dann neu, diesmal straffer, zu binden. Sie würde sich spätestens in fünf Minuten wieder lösen. Da ich in weniger als fünf Minuten zu Hause sein werde, lasse ich es dabei bewenden. Ich ließe es auch auf sich beruhen, wenn mein Weg länger wäre. Nur würde ich dann wieder strategisch und fluchend Ausschau nach einem Sockel, einer kleinen Mauer, einem niedrigen Zaun, einer Treppe, einer Stoßstange halten. Und bis ich die gefunden hätte, würde ich missgelaunt denken, dass die Turnschuhe, die ich bei diesem Wetter zum Laufen trage, zu lange Schuhbänder haben. Und dass sie daher, würden sie durch den Dreck und um meine Beine peitschen, die Jeans total versauen würden. Die würden dann den Teppich in der Wohnung ... Für mich und meine Schuhbandprobleme hat Deutschland meist das falsche Wetter. Aber was soll ich machen, der Arzt hat mir geraten, mich zu bewegen. Gehen! Laufen! Angehen, anlaufen gegen das Alter.

Früher konnte ich sogar Seemannsknoten knüpfen, die man für Schuhe naturgemäß nicht braucht. Früher wusste ich noch nicht, das war aber viel früher, dass das Schuhband Schnürsenkel heißt. Als ich Kind war, gab es keine Schnürsenkel, nur Schuhbandel. Wenn das Blechende kaputt war, fransten die Schnürsenkel, die noch Schuhbandel hießen, aus, sie sahen aus wie Pinsel, und ließen sich nicht durch Schuhlöcher ziehen, sosehr man auch versuchte, sie mit Spucke zusammenzudrehen. Auch für ein Kind ist das Leben mit Schuhen schon schwierig. Allerdings konnte ich damals den Zeigefinger, wenn ich die Schuhe der Einfachheit halber beim Ausziehen zugebunden ließ (oder lassen musste, weil aus der Schleife ein Knoten geworden war), als Schuhlöffel benutzen. Das tat weh, aber es ging. Es wurde nur der Finger, nicht der Kopf, rot.

Inzwischen brauche ich lange Schuhlöffel. Mir fällt das Sprichwort ein: »Wer mit dem Teufel essen will, muss einen langen Löffel haben.« Passt das? Im Alter braucht man einen längeren Schuhlöffel. »Wenn die Sonne tiefer steht, werfen auch Zwerge längere Schatten.« Das ist von Karl Kraus und passt auf jeden Fall.

Mit fünfzig habe ich mir in ein Schmierheft notiert: Ich bin jetzt fünfzig und kann mir immer noch nicht richtig die Schuhe zubinden. Ich werde es wohl nicht mehr lernen. Ich habe inzwischen gelernt, dass Kinder und Alte die gleichen Schwierigkeiten mit dem Schuhzubinden haben.

Für beide wurde der Klettverschluss erfunden. Und der Reißverschluss. Kinder sind unmündig. Sobald ich mir die

Schuhe nicht mehr allein zubinden kann, möchte ich nicht mehr leben. Wir werden sehen. Ich habe so was Ähnliches schon oft gesagt und wollte dann doch leben, weiterleben, als ob von der Länge des Schuhlöffels die Seligkeit abhinge. Aber Schuhe mit Klettverschluss oder Reißverschluss, die werde ich nie, nie, nie tragen. Behaupte ich trotzig. Ich unterscheide Menschen zwischen alt und jung danach, ob sie Schuhe mit oder ohne Klettverschluss tragen. Tragen können. Tragen müssen. Behaupte ich bockig. Ich bedaure Menschen, die Gesundheitsschuhe tragen müssen. Das ist hochmütig, ja hochfahrend, denn ich weiß, dass das Alter viele Risse und defekte Stellen findet, durch die es in uns eindringen kann. Wir sind eine belagerte Festung, die von der Zeit mürbe geschossen wird. Auch im Schuhwerk steckt unsere Achillesferse.

III

DAS KANN JA HEITER WERDEN...

Mascha Kaléko

MIT ZUNEHMENDEM ALTER

Mit zunehmendem Alter und abnehmendem Verstande
Lösen sich oft die festesten Bande,
Lockert sich manches strenge Tabu,
Wird mancher »Engel« zum schnaubenden Rächer,
Werden die Schwächen stärker und die Starken schwächer,
Und das Lieblingswort lautet: »Wozu«?

Elfriede Hammerl

Wieder masslos sein

Drei Weiber hocken beieinander. Sie sehen aus wie höchstens – (jedenfalls sagt ihnen keiner was anderes ins Gesicht), sind aber doch schon über –. Sie glauben nicht nur nicht mehr an den Storch, sondern auch nicht mehr an die Pille. Sie haben das Kind im Manne großgezogen, Bäume gepflanzt und Betriebsprüfungen durchgestanden.

Das eine Weib sagt: »Der Franz ist ein Hund, aber wenigstens geht er relativ dezent fremd; andere treiben's viel ärger.«

Das zweite Weib berichtet, der Sohn hause im elterlichen Heim wie eine Sau, doch halte er sich immerhin von Drogen fern.

Das dritte Weib hat einen neuen Freund und führt zu seinen Gunsten ins Treffen: »Wenn der sagt, er ruft an, dann ruft er wirklich an.«

Herr, wie tief sind wir gesunken!

Wie konntest du zulassen, daß wir zu solcher Anspruchslosigkeit abgestiegen sind?

Gib uns die Maßlosigkeit unserer Jugendtage wieder, Herrgott!

Ich bin das vierte Weib. Ich hocke nicht, ich laufe auf und ab und ringe die Hände.

Denn eben habe ich einen Herzenswunsch geäußert: »Einmal wieder richtig ausschlafen können, das wär' ein Luxus.«

Hätte ich nicht erst gestern allenfalls einen Bentley mit Chauffeur als – nicht übertriebenen – Luxus eingestuft?

Wovon ich träume: Früher träumte ich vom Nobelpreis, jetzt träume ich davon, mich bei Grippe ins Bett legen zu dürfen, statt zum Kindergarten traben zu müssen, um Emilia abzuholen, Briefe unterm Arm, die dringend an diverse Verlage sollen, Einkaufszettel im Korb, denn auch Kind und Katze einer grippösen Person brauchen Futter.

Wie konnte ich zu solcher Bescheidenheit verkommen, Herr? Der Herr rührt kein Ohrwaschel. Warum sollte er auf meiner Seite stehen?

Ich will wieder leichten Herzens hochfahrend sein.

Ich möchte, daß mein Perfektionswahn nicht von der Realität auf eine Kompromißbereitschaft zusammengestutzt wird.

Ich will wieder kühn genug werden, nach Makellosigkeit zu verlangen.

Nie habe ich wirklich gelernt, mich zu arrangieren. Ich möchte am liebsten, daß jede Liebe die erste Liebe ist, ohne die Schatten vergangener Brüche. Ich bin ein heimlicher Macho: Sehnsucht nach Jungfräulichkeit.

Staunend beobachte ich Freunde, die achselzuckend beieinander bleiben, fremdgehen, die Fassade aufrechterhalten, sich mit einer aus Pragmatismus gefertigten Beinahebehaglichkeit einrichten.

Ich wollte immer alles vollkommen und total ehrlich und wunderbar.

Und ich will nicht, daß ich plötzlich weniger will, auch wenn das schlau wäre.

Herr –

(Nein, nicht Herrin; mit einer Herrin hadere ich nicht, auf Herrinnen wurde ich nicht konditioniert, vom *Herrn* ist mir erzählt worden und von seiner angeblichen Gerechtigkeit, seit Kindesbeinen.)

Herr, schenke mir die Muße, wieder nach den Sternen zu greifen statt nach der Großpackung Bodenvollpflege mit Zitrusfrische, egal, ob ich danach was in den Krallen halte, nicht um Beute geht es mir, sondern um die Zuversicht des Jägers.

Vor kurzem noch waren Altersgenossen Menschen, mit denen ich in Alain-Tanner-Filmen saß und die Antiquitätenläden von Brighton durchstreifte. Jetzt sind Altersgenossen Menschen, die *auch* Sorgen mit ihren kränkelnden Eltern haben.

Und wann hat eigentlich dieses verfluchte Präventivdenken eingesetzt?

Zugegeben, den Präventivschlag in Beziehungen haben manche von uns früh gepflegt: schnell zerstören, ehe wer anderer auf die Idee kommt. So war eine gewisse Fluktuation auf dem Partnermarkt gewährleistet, von der auch die pragmatischen Fassadenpfleger durchaus profitierten.

Aber jetzt?

Lieber keinen Kaffee nach drei am Nachmittag. Du weißt doch, ich muß morgen früh aufstehen. Wenn ich das Laub liegenlasse, habe ich nächstes Jahr einen gelben Rasen. Um das Geld lassen wir später lieber einmal das Dach neu decken.

Christl sagt, sie quäle sich durchs Fitneßstudio, damit sie nicht eines Tages mit den Hüften der Frau im Klimakterium aufwacht.

Ich will ganz ohne Trimmen aufwachen wie einst: voll Vertrauen in den Glanz meiner goldenen Locken, der Rudel mehr oder weniger märchenhafter Prinzen heransprengen lassen wird.

Ich weigere mich, irgendeinem Franz zuzugestehen, gemessen an Hinz und Kunz, den verschuldeten Saufbolden von zweifelhaftem hygienischen Ruf, sei er ein Prinz für die zweite Lebenshälfte.

Heidi ist am Telefon freudig. Tochter Lena hat einen Job als Fremdsprachensekretärin.

Wie lange ist es her, daß Lena mir gnädig bedeutet hat, wenn sie dereinst Außenministerin sei, dürfe ich sie interviewen?

Sagte sie es heute noch einmal, ich würd's ihr glatt durchgehen lassen.

Joan Barfoot

Family News

So viele Möglichkeiten!

Wenn Lizzie aus dem Haus geht, wird Susannah zwanzig, dreißig Jahre haben, die es wert sind, neue Dinge auszuprobieren, bevor die nächste Veränderung kommt. Sie hat nicht die leiseste Ahnung, was das für Dinge sein werden. Allein das Ins-Auge-Fassen neuer Möglichkeiten, Menschen und Abenteuer verlangt eine Art von Denken, das sie – mein Gott – ungefähr vierzehn Jahre lang nicht mehr gebraucht hat. Immerhin hat sie noch mehrere Jahre Zeit, sich vorzustellen, welche neuen Wege sie gehen wird.

Es könnte ganz aufregend sein – eine Art Hobby, imaginäre Zukunftsvorstellungen.

In der Zwischenzeit wird es noch andere aufregende Ereignisse geben: Lizzie wird ausgehen und zurückkommen, ihre Züge werden sich ändern und ihr Körper. Kein Zweifel, es wird Probleme geben – wird sie monatelang trotzig und rebellisch sein? Wird sie schwanger werden und sich die Zukunft kaputtmachen? Die Schule schmeißen? Eigentlich eher unwahrscheinlich. Ein Kind, das einen alten Zeitungsausschnitt über ein Mädchen aufhebt, das ihr neugeborenes Baby ertränkt, wird wohl kaum selbst eins bekommen.

Susannah wird neue Dinge lernen und sich auf vertraute Dinge einstellen. Aufstehen, um erst einmal Kaffee zu trinken, losziehen, um Fremde zu treffen, zusehen, wie sich die Form ihrer Hüften verändert und ihr Haar störrischer und grauer wird. Wäre es entspannend, einfach zuzulassen, daß sie immer matronenhafter wird? Sie könnte auf ihre unsentimentale Art gute Werke tun wie Ida Lovender oder wieder zur Schule gehen, um neue Dinge zu lernen, oder auf Reisen gehen, um das Dunkle und Unentdeckte zu erforschen. Nichts davon ist sehr wahrscheinlich. Hätte sie Talent für Güte oder Entdeckungen, so hätte sie das inzwischen schon bemerkt.

Aber irgend etwas von den vielen, vielen Möglichkeiten wird sich schon zeigen. Immer hat sich etwas gezeigt. Und es ist nicht nur ihre Familie, aus der sie alles machen kann, was sie will.

Da ist der bekannte Zeitungsausschnitt von den beiden alten Schwestern, die unter zusammengefallenen Bergen von Zeitungen gefunden wurden. Sie gibt ihn Lizzie, die ihn nimmt und liest. Bei diesem Tempo werden sie den Raum nie sauberkriegen, aber sie haben jede Menge Zeit für solche und andere Sachen.

Sie hat Pläne für ihr Alter; sie und Frannie haben da so eine Idee: Sie wollen zusammen wohnen, vermutlich in diesem Haus. (Obwohl Susannah sich schon gefragt hat, ob dahinter nicht bloß die Hoffnung steht, ihre – bei beiden nicht besonders ausgeprägte – Fähigkeit zum Zusammenleben würde sich ebenso natürlich entwickeln wie ihre Falten.) Beide haben sie einen gewissen Horror davor, daß sie allein sterben und ihre Leichen vielleicht erst nach Tagen entdeckt werden; es hat also etwas mit eigenen Interessen zu tun; aber auch mit anderen Dingen.

»Du kannst ein Krüppel sein«, hat Frannie kichernd gesagt, »und ich werde stocktaub sein. Ich werde dich in deinem Rollstuhl herumstoßen, und du kannst mich mit deinem Stock schlagen, wenn du ein Auto kommen siehst oder wenn es an der Tür klingelt. Symbiose, verstehst du? Du wirst das Schlafzimmer unten behalten, weil du nicht Treppensteigen kannst, und oben werden wir für mich ein Bad einbauen, okay?«

So werden sie also hier wohnen, zwei ältliche Frauen, behindert, aber (in dieser Version) ohne große Schmerzen und auf eine erträgliche Art. Sie werden sich umeinander kümmern, so gut sie das können, und dabei so lieb, wie es eben geht, mit den Schwächen und Wunderlichkeiten der anderen umgehen. Natürlich werden sie streiten und gelegentlich ihre Fehden austragen, aber auch Witze machen, fernsehen, sich gegenseitig auf bestimmte Sachen in der Zeitung oder in Büchern aufmerksam machen und sich auf Lizzies Besuche freuen. Bis dahin werden sie beide sicher die Männer aufgegeben haben (oder von ihnen aufgegeben worden sein), und sie werden vermutlich viel über die Vergangenheit reden. Dann wird es schließlich auch eine Menge Vergangenheit geben, über die man reden kann. Sie werden füreinander am Morgen Kaffee kochen und Tee und Popcorn am Abend. Ab und zu werden Freunde zum Abendessen kommen, oder sie werden einander in ein Restaurant einladen. Manchmal werden vielleicht einige (welche?) Mitglieder ihrer jeweiligen kleinen Familien für einige Tage zu Besuch kommen, aber im wesentlichen wird es nur sie beide, Frannie und Susannah, geben.

Es wird schön sein, wenn Lizzie mit ihren Freunden, Liebhabern, Ehemännern und Kindern zu Besuch kommt – ganz auf eigenen Beinen stehend und mit eigenen Plänen, großen Plänen, wie Susannah vermutet. Sie und Frannie werden sich auf diese Besuche freuen und sich mit der Planung der Mahlzeiten, Ausflüge und Gespräche vergnügen. Sie werden laut reden, aber auch im Flüsterton, und sicherlich wird dabei gelacht werden.

Lizzie wird jedesmal für ein paar Stunden weggehen müssen, um Teddy und seine andere Familie zu besuchen.

Jedenfalls ist dieses Bild von Frannie und ihr zusammen im großen und ganzen recht angenehm, mit all seinen Mängeln, die ihm diesen wichtigen Beigeschmack von Realismus geben. Einfach zwei gesellige Frauen, die sich gut kennen, so etwas wie Schwestern, die, so gut sie können, füreinander sorgen.

Natürlich müssen sie aufpassen, daß sie nicht zu introvertiert werden und langweilig oder ängstlich. Sie werden vielen Interessen nachgehen, auch wenn diese Interessen naturgemäß vermutlich mehr von der sitzenden Art sein werden. Sie werden auch eine gewisse Ordnung aufrechterhalten. Da sie nicht arm sind, werden sie eine Frau zum Saubermachen haben – nein, noch besser, einen wunderbaren jungen Mann mit goldener Haut und einem herrlich festen Hintern, der kommt und das Haus in Ordnung hält. Und sicherstellt, daß sie nicht so enden wie jene beiden Schwestern – begraben unter den eigenen Obsessionen, welcherart die dann auch immer sein mögen.

Im Moment wenigstens klingt das ziemlich gut.

Lizzie reicht ihr wieder einen Zeitungsausschnitt und fragt etwas. »Was hast du gesagt, Schatz?«

Die Geschichte hat irgend etwas mit einer verrückten Stewardeß und einer Entführung zu tun. »Ich habe gefragt, ob du glaubst, daß sie wirklich die Stimmen ihrer Eltern gehört oder das nur erfunden hat?«

Susannah überfliegt schnell die Geschichte. »Also, ich glaube, sie hat sie deutlich gehört. Aber, wie auch immer, eine arme Frau.«

Schließlich sind alle Geschichten zum Teil wahr und zum Teil falsch. Es mag Tatsachen geben, aber es gibt auch falsche Interpretationen und Erwartungen, verpaßte Gelegenheiten, diesen ganzen Überschuß, der im Gedächtnis verdampft und von dem dann nur noch ein harter, unauflöslicher Rest übrigbleibt.

Nicht ganz unauflöslich, vielleicht. Sie hat anscheinend Tränen in den Augen – warum nicht? Sie mögen sentimental sein, aber sie stehen auch für einschneidende Verluste. Und sie sind eine Art Trauer um ihre Zukunft, all die Verluste und Freuden, die voraussehbar sind und doch unbekannt.

Es scheint ihr, als ob Lizzie sie mit einer Art Zufriedenheit und Dankbarkeit betrachtet – nur für einen Moment der Aufmerksamkeit, einen Satz oder für kaum sichtbare Tränen? –, bevor sie sich wieder ihren Geschichten zuwendet.

Wie albern diese ganzen Dramen doch sind! Das Leben geht weiter (so würde ihre Mutter sagen). Es geht weiter, bis es einfach nicht mehr weitergeht.

Es scheint um die kleinen Dinge zu gehen, die vielfältigen, traurigen, schrecklichen, freudigen und unwiederbringlichen Details, um all die Geschichten und Stimmen und Augenblicke der Rührung. Vielleicht hat jedes dieser Details schon sein eigenes Geheimnis, aber zusammen ergeben sie schließlich einige wenige große Dinge. Wie Tod, wie Liebe.

Alles äußerst sonderbar.

Ludwig Tieck

FROHSINN

Nur die Heiterkeit ist Leben,
    Selbst das Alter wird verjüngt,
Wem der Scherz, der Saft der Reben,
    Jugend lachend wiederbringt,
Der mag manches Jahr noch leben,
    Lust und Frohsinn ihn umschweben,
Und dem Greise selbst gelingt,
    Sich der Sorgen zu entheben;
Nur die Heiterkeit ist Leben,
    Selbst das Alter wird verjüngt.

Noëlle Châtelet

Die Dame in Blau

Mireille geht durch die Stadt. Sie läßt sich von der Strömung tragen, vom unaufhörlichen Menschenstrom. Nichts treibt sie zur Eile an, nichts zwingt sie, den Rhythmus einzuhalten, doch sie tut es. Das ist so. Das war schon immer so.

Weiter vorn auf dem breiten Boulevard gerät der Strom ins Stocken. Irgend etwas behindert seinen Fluß. Man kommt nicht mehr von der Stelle. Die naturgegebene Ordnung, der Rhythmus sind in Gefahr. Einen Umweg oder ein anderes Tempo, weil irgend etwas den Weg versperrt, den Strom behindert, niemand hat das um diese Zeit gern.

Jetzt erreicht auch Mireille dieses Irgend etwas. Überraschung: eine alte Dame.

Ist etwa dieses winzige Wesen an der Verzögerung schuld?

Mireille läßt sich überholen. Die Leute gehen an ihr vorbei, werfen einen wütenden Blick auf die Schrittverderberin, dann gehen sie schneller, fest entschlossen, sich dem Strom wieder anzuschließen, aufzuholen, das Tempo, den allgemeinen Schwung wiederzufinden, als hätten sie sich abgesprochen, als verfolgten sie dasselbe Ziel.

Mireille zögert. Verlangsamt den Schritt. Zu behaupten, der Gedanke sei ihr gekommen, wäre übertrieben. Eher ein Impuls. Ein Impuls drängt sie plötzlich, sich dem Gang der unerschütterlichen alten Dame anzupassen, die neben ihr geht und bedächtig ein Bein vor das andere setzt, sehr gewissenhaft, schön im Takt, mit wohlbemessenem Druck des Fußes auf den Gehweg und sanftem Wiegen des Körpers, den Kopf ein wenig geneigt, als lausche sie dem gleichmäßigen Rascheln ihres dunkelblauen Kleids aus Seidenkrepp, wenn es die hellen Baumwollstrümpfe streift. Das weiße Haar, das im Nacken unter dem ebenfalls blauen Hut zu einem Knoten geflochten ist, die zu der kleinen Handtasche aus geflochtenem Leder passenden Netzhandschuhe, alles ist sorgsam bedacht, damit es ein eleganter Spaziergang wird.

Die alte Dame in Blau geht gemessenen Schritts, von einer gewissen Würde erfüllt, ohne die Hektik rings um sie her zu beachten. Sie schlendert betont, wenn auch ohne Aggressivität, während die anderen rennen.

Mireille hat sich nach und nach dem Gang der alten Dame angepaßt. Sie hat den Schritt gewechselt, ihr eigenes Wiegen gesucht. Jeder ihrer Schritte wird zu einem neuen Genuß. Die Langsamkeit verleiht ihnen einen ungewohnten Reiz.

Lange geht Mireille so in den Fußstapfen der ungewöhnlichen Spaziergängerin. Sie genießt diese Verlangsamung, macht sie sich zu eigen.

Doch dann kommt Mireille an die Ecke ihrer Straße. Sie muß sich von der alten Dame trennen. Sie hält inne, zögert noch einmal. Hat ihre heimliche Weggefährtin dieses Zögern bemerkt? Auf jeden Fall wendet sie jetzt den Kopf.

Der kurze, kaum wahrnehmbare Blick, den sie Mireille zuwirft, gleicht einem Lächeln und das Lächeln einer Zustimmung. Zustimmung wozu?

Mireille erwidert spontan das Lächeln. Auch sie stimmt zu. Doch wozu?

Dann holt sie tief Luft und biegt um die Ecke.

Das war es.

Mireille geht bedächtig, schön im Takt, mit wohlbemessenem Druck des Fußes auf den Gehweg und sanftem Wiegen des Körpers, den Kopf ein wenig geneigt, als lausche sie.

Franziska zu Reventlow

Wenn ich einmal alt bin ...

Heute morgen wollte ich gerade anfangen Ihnen zu schreiben, da setzte sich ein liebenswürdiger alter Herr, den wir bei Tisch kennengelernt haben, zu mir und fragte mich im Vertrauen, ob der Dichter wirklich mein Stiefsohn sei.

Ich dachte an meinen Brief und war zerstreut, so habe ich recht dumm geantwortet: er sähe mir doch entschieden ähnlich. Der alte Herr warf mir einen prüfenden Blick zu und meinte: ja, ja, möglich, daß eine gewisse Ähnlichkeit – und das sei immerhin ein seltsames Phänomen. Überhaupt, die Mischung von angelsächsischem, romanischem und ausgesprochen nordischem Typus, wie sie anscheinend in meiner Familie herrsche, wäre wirklich interessant.

Diese kleine Ansprache lenkte meine Gedanken allmählich von Ihnen ab, teurer Freund, und ich begriff, daß man uns doch wohl durchschaut (o weh – wenn Pedro noch lange fortbleibt, möchte die Situation am Ende doch peinlich werden), und daß der ehrwürdige Greis mir eine zarte Warnung geben wollte.

Mein Brief blieb liegen, ich frühstückte mit dem alten Herrn, und wir haben uns ganz gut unterhalten. Er ist witzig und amüsant, wußte mir mit väterlicher Güte allerlei Geständnisse zu entlocken und erinnerte sich mit sichtlichem Vergnügen an die galanten Faiblessen seiner Jugend.

Sie wissen, ältere Herren, die noch in Betracht kommen, sind nicht mein Fall, aber die noch älteren, die nicht mehr in Betracht kommen, können manchmal sehr reizend sein. Und ich habe heute gedacht, solche wirklich charmante alte Leute sind eigentlich ein Element, das in ›unseren Kreisen‹ ganz fehlt. Wir wurzellosen Existenzen haben alle nur so einen dunklen, verschwommenen Begriff von Eltern und Senioren, die uns übelwollen. Wo noch welche vorhanden sind, bleiben sie ganz im Hintergrund, werden gefürchtet oder sorgfältig vor uns behütet. Man kennt immer nur Altersgenossen oder Jüngere. Kommt man dann einmal, so wie heute, zufällig mit jemand viel, viel älterem in Berührung, so wirkt er beinah wie ein seltenes, etwas unwahrscheinliches Naturspiel auf uns.

Kann man wirklich so alt sein, so ganz *hors concours*, und immer noch Freude am Leben haben und Interesse für alles?

Barmherzigkeit! – Und einmal werden wir uns doch wohl auch an den Gedanken gewöhnen müssen, selbst alt zu werden – wie wird das gehen, wie soll man es machen?

Krankheit, Alter und Tod erscheinen mir immer als die drei Unmöglichkeiten des Lebens, alles andere geht irgendwie von selbst, aber mit Unmöglichkeiten muß man sich zu arrangieren versuchen.

Kranksein – das läßt sich vielleicht noch bedingungsweise ausnehmen. Unter angenehmen Verhältnissen kann es möglich, manchmal sogar ganz lustig sein – gute Freunde, viele Blumen, sympathische Ärzte und das große Gegenpläsier, wieder gesund zu werden.

Aber die beiden anderen? Der Tod – warum hat man wohl so viel Angst davor? Ich habe sie auch, aber dann denke ich wieder, es ist vielleicht ganz überflüssig, wir wissen doch noch gar nicht, ob es unangenehm sein wird. Es mag verdreht sein, aber ich ertappe mich sogar bei dem Gedanken: das Leben ist so schön, obwohl so viel dagegen eingewandt wird – am Ende ist das Sterben auch gar nicht so übel. Schlimmstenfalls ist es eine Exekution, die nicht lange dauert.

Und das Alter – alt werden? Gott, wenn man durchaus nicht mag, es kann einen ja niemand zwingen, länger zu leben, als man will.

Aber da liegt ein böses Dilemma, es ist so viel hübscher, jung zu sterben, aber um wirklich großen Charme zu haben, müßte es schon sehr früh sein. Andererseits aber möchte man möglichst viel leben und unverhältnismäßig lange jung bleiben.

Schenkt uns nun der gütige Himmel diese ausdauernde Jugend, so wird es sehr schwer sein, den richtigen Zeitpunkt zu finden. Sehen Sie – wenn ich sterbe, möchte ich gerne noch so aussehen wie jetzt, aber ich habe doch vorläufig gar keine Lust, mich schon in die Unterwelt zu begeben. Ach, das ist wirklich schon wieder ein Problem und *a very disagreeable one*, wie Sir John sagt.

Wir saßen kürzlich alle drei bei ihm auf dem Sofa, der vorwitzige Bobby zupfte seinem Mentor drei graue Haare aus und sagte: »Meister, wir werden alt.« Mehr als die drei fanden wir nicht, und John lachte. Aber mir wurde doch ganz kalt, und ich dachte: wenn ich nun einmal dasitze und neben mir ein junger Dichter, der mir drei graue Haare auszupft! (Nun, in dem Nebenumstand könnte ja noch etwas Tröstliches liegen.)

Übrigens glaube ich gar nicht unbedingt daran, daß das ›erste graue Haar, die erste Falte‹ ein so überwältigender Eindruck ist. Eher noch der Abschied von der allerersten Jugend, von der verwegenen Sicherheit, in jedem Zustand und jeder Verfassung – ob verweint, verkatert, übernächtig oder ausgeschlafen – immer gut auszusehen, immer auf der Höhe zu sein. Man denkt auch in diesem Stadium viel mehr über die Schrecken des Älterwerdens nach. Schon beim Abschied von Hängezopf und kurzen Kleidern meint man, nun sei die Hauptsache bald vorbei, und mit zwanzig Jahren, man hätte jetzt kaum mehr Zeit vor sich. Später dann merkt man, daß es noch recht lange dauert und wie dehnbar und geräumig das Leben in Wirklichkeit ist.

Aber, bitte, sagen Sie mir nicht wieder: Sie bleiben immer

jung – es ist zwar angenehm zu hören, aber die Frauen mit der ewigen Jugend halte ich doch für einen Bluff. Es kann mich ganz nervös machen, wenn immer wieder die unselige Ninon de Lenclos herbeizitiert wird. Ich bekomme dann das Gefühl: o Gott, nein, so alt möchte ich gar nicht werden. Ich pfeife darauf, daß meine Stiefsöhne – oder waren es richtige? – sich in mich verlieben, wenn ich siebzig bin. Das ist ja doch nichts Rechtes mehr.

Ich möchte gern wissen, ob man sich überhaupt genieren wird, alt zu sein? Vor den anderen vielleicht nicht, sie sind ja daran gewöhnt, daß es alte Leute gibt, und finden nichts Auffälliges daran. Aber vor sich selbst – denken Sie nur, als alte Dame aufzustehen und sich im Spiegel zu sehen: guten Morgen – o Gott, aber du bist ja alt – was willst du denn noch? Ja, besonders in der Früh muß es deprimierend sein, im Laufe des Tages wird man sich wohl irgendwie in seine Rolle hineinleben.

Ich stelle mir bei allen Lebenslagen, die mir peinlich sind, gerne vor, daß ich nur eine Rolle spiele, eben jetzt diese oder jene spielen muß, die mir nicht recht liegt. Zum Beispiel bei unangenehmen Auseinandersetzungen: du bist ja nur auf der Bühne – o weh, der Souffleur ist nicht da – besinne dich rasch, was man in dieser Szene ungefähr zu sagen hat. Oder wenn man morgens aufwacht – ja, was ist denn eigentlich? Dies und jenes, alle möglichen Unannehmlichkeiten. Schön, ich habe also eine Frau zu spielen, die in Geldschwierigkeiten ist und nichts anzuziehen hat. Undankbar, aber vielleicht läßt sich etwas daraus machen. Bitte auf die Bühne ...

Lieber Freund und Doktor – es ist schlecht, mit mir zu diskutieren, denn es fällt immer wieder so aus: das ist schlimm – sehr schlimm – ja – nein, es ist eigentlich doch nicht so schlimm.

So muß ich denn schließlich auch feststellen, daß der Gedanke an die Vergänglichkeit alles Irdischen mich im großen und ganzen nicht sehr bedrückt, höchstens wenn ich gerade meinen ›verfluchten Tag‹ habe.

Ich denke vielmehr, wenn es erst einmal soweit ist, wird man schon damit fertig werden. Wird man alt, so treibt man sich noch eine Weile als Zuschauer auf der Welt herum, braucht sich wenigstens nicht mehr zu Taten aufzuraffen. Und die Erinnerungen, die im Alter eine so bedeutende Rolle spielen sollen? Nun, bei allen guten Dingen wird man sich freuen, daß sie da waren, und bei den schlechten, daß sie vorbei sind. Die beste Vorsorge fürs Alter ist jedenfalls, daß man sich jetzt nichts entgehen läßt, was Freude macht, so intensiv wie möglich lebt. Dann wird man dermaleinst die nötige Müdigkeit haben und kein Bedauern, daß die Zeit um ist. Für all die Leute mit verfehltem Leben, versäumter Jugend, überhaupt mit vielen Unterlassungssünden – für die muß es schrecklich sein, alt zu werden.

Nein, wenn ich mich überhaupt darauf einlasse, mein eigenes Alter mitzuerleben (was mir noch sehr fraglich ist) – in dieser Beziehung habe ich mir wenig vorzuwerfen und werde mit mildem Lächeln sagen können: es ist genug, Herr!

Und dann will ich wenigstens eine dankbare Rolle spielen, eine sehr angenehme alte Dame sein mit möglichst wenig Falten und möglichst weißem Haar – und einen reizenden Salon haben mit einem Kaminfeuer. Um den Kamin versammeln sich abends die alten Freunde, müde galante alte Herren mit Krückstöcken, und man unterhält sich von einstigen Faiblessen.

Denken Sie nur, was wir uns dann alles erzählen werden – alles, was jetzt noch verschwiegen bleibt. In sentimentalen Stunden reden wir vielleicht auch wieder von Yvonne und dem fremden Mann – und, wenn Sie boshaft aufgelegt sind, von Paul. Ja, dann wird das Teegespräch erst seine höchste Blüte erreichen.

Danken wir Gott, daß es noch nicht soweit ist ...

Arthur Schopenhauer

Vom Unterschiede der Lebensalter

In der Jugend herrscht die Anschauung, im Alter das Denken vor: daher ist jene die Zeit für Poesie; dieses mehr für Philosophie. Auch praktisch läßt man sich in der Jugend durch das Angeschaute und dessen Eindruck, im Alter nur durch das Denken bestimmen. Zum Theil beruht dies darauf, daß erst im Alter anschauliche Fälle in hinlänglicher Anzahl dagewesen und den Begriffen subsumirt worden sind, um diesen volle Bedeutung, Gehalt und Kredit zu verschaffen und zugleich den Eindruck der Anschauung, durch die Gewohnheit, zu mäßigen. Hingegen ist in der Jugend, besonders auf lebhafte und phantasiereiche Köpfe, der Eindruck des Anschaulichen, mithin auch der Außenseite der Dinge, so überwiegend, daß sie die Welt ansehn als ein Bild; daher ihnen hauptsächlich angelegen ist, wie sie darauf figuriren und sich ausnehmen, – mehr, als wie ihnen innerlich dabei zu Muthe sei. Dies zeigt sich schon in der persönlichen Eitelkeit und Putzsucht der Jünglinge.

Die größte Energie und höchste Spannung der Geisteskräfte findet, ohne Zweifel, in der Jugend Statt, spätestens bis ins 35ste Jahr: von dem an nimmt sie, wiewohl sehr langsam, ab. Jedoch sind die späteren Jahre, selbst das Alter, nicht ohne geistige Kompensation dafür. Erfahrung und Gelehrsamkeit sind erst jetzt eigentlich reich geworden: man hat Zeit und Gelegenheit gehabt, die Dinge von allen Seiten zu betrachten und zu bedenken, hat jedes mit jedem zusammengehalten und ihre Berührungspunkte und Verbindungsglieder herausgefunden; wodurch man sie allererst jetzt so recht im Zusammenhange versteht. Alles hat sich abgeklärt. Deshalb weiß man selbst Das, was man schon in der Jugend wußte, jetzt viel gründlicher; da man zu jedem Begriffe viel mehr Belege hat: Was man in der Jugend zu wissen glaubte, Das weiß man im Alter wirklich, überdies weiß man auch wirklich viel mehr und hat eine nach allen Seiten durchdachte und dadurch ganz eigentlich zusammenhängende Erkenntniß; während in der Jugend unser Wissen stets lückenhaft und fragmentarisch ist. Nur *wer alt wird*, erhält eine vollständige und angemessene Vorstellung vom Leben, indem er es in seiner Ganzheit und seinem natürlichen Verlauf, besonders aber nicht bloß, wie die Uebrigen, von der Eingangs-, sondern auch von der Ausgangsseite übersieht, wodurch er dann besonders die Nichtigkeit desselben vollkommen erkennt; während die Uebrigen stets noch in dem Wahne befangen sind, das Rechte werde noch erst kommen. Dagegen ist in der Jugend mehr Konception; daher man alsdann aus dem Wenigen, was man kennt, mehr zu machen im Stande ist: aber im Alter ist mehr Urtheil, Penetration und Gründlichkeit. Den Stoff seiner selbsteigenen Erkenntnisse, seiner originalen Grundansichten, also Das, was ein bevorzugter Geist der Welt zu schenken bestimmt ist, sammelt er schon in der Jugend ein: aber seines Stoffes Meister wird er erst in späten Jahren. Demgemäß wird man meistentheils finden, daß die großen Schriftsteller ihre Meisterwerke um das funfzigste Jahr herum geliefert haben. Dennoch bleibt die Jugend die Wurzel des Baumes der Erkenntniß; wenn gleich erst die Krone die Früchte trägt. Wie aber jedes Zeitalter, auch das erbärmlichste, sich für viel weiser hält, als das ihm zunächst vorhergegangene, nebst früheren; eben so jedes Lebensalter des Menschen: doch irren Beide sich oft. In den Jahren des leiblichen Wachsthums, wo wir auch an Geisteskräften und Erkenntnissen täglich zunehmen, gewöhnt sich das Heute mit Geringschätzung auf das Gestern herabzusehn. Diese Gewohnheit wurzelt ein und bleibt auch dann, wann das Sinken der Geisteskräfte eingetreten ist und das Heute vielmehr mit Verehrung auf das Gestern blicken sollte; daher wir dann sowohl die Leistungen, wie die Urtheile, unserer jungen Jahre oft zu gering anschlagen.

Ueberhaupt ist hier zu bemerken, daß, ob zwar, wie der Charakter, oder das Herz des Menschen, so auch der Intellekt, der Kopf, seinen Grundeigenschaften nach, angeboren ist, dennoch dieser keineswegs so unveränderlich bleibt, wie jener, sondern gar manchen Umwandelungen unterworfen ist, die sogar, im Ganzen, regelmäßig eintreten; weil sie theils darauf beruhen, daß er eine physische Grundlage, theils darauf, daß er einen empirischen Stoff hat. So hat seine eigene Kraft ihr allmäliges Wachsthum, bis zur Akme [zum Höhepunkt], und dann ihre allmälige Dekadenz, bis zur Imbecillität. Dabei nun aber ist andererseits der Stoff, der alle diese Kräfte beschäftigt und in Thätigkeit erhält, also der Inhalt des Denkens und Wissens, die Erfahrung, die Kenntnisse, die Uebung und dadurch die Vollkommenheit der Einsicht, eine stets wachsende Größe, bis etwan zum Eintritt entschiedener Schwäche, die Alles fallen läßt. Dies Bestehn des Menschen aus einem schlechthin Unveränderlichen und einem regelmäßig, auf zweifache und entgegengesetzte Weise, Veränderlichen erklärt die Verschiedenheit seiner Erscheinung und Geltung in verschiedenen Lebensaltern.

Im weitern Sinne kann man auch sagen: die ersten vierzig Jahre unsers Lebens liefern den Text, die folgenden dreißig den Kommentar dazu, der uns den wahren Sinn und Zusammenhang des Textes, nebst der Moral und allen Feinheiten desselben, erst recht verstehn lehrt.

Gegen das Ende des Lebens nun gar geht es wie gegen das Ende eines Maskenballs, wann die Larven abgenommen werden. Man sieht jetzt, wer Diejenigen, mit denen man, während seines Lebenslaufes, in Berührung gekommen war, eigentlich gewesen sind. Denn die Charaktere haben sich an den Tag gelegt, die Thaten haben ihre Früchte getragen, die

Leistungen ihre gerechte Würdigung erhalten und alle Trugbilder sind zerfallen. Zu diesem Allen nämlich war Zeit erfordert. – Das Seltsamste aber ist, daß man sogar sich selbst, sein eigenes Ziel und Zweck, erst gegen das Ende des Lebens eigentlich erkennt und versteht, zumal in seinem Verhältniß zur Welt, zu den Andern. Zwar oft, aber nicht immer, wird man dabei sich eine niedrigere Stelle anzuweisen haben, als man früher vermeint hatte; bisweilen auch eine höhere; welches dann daher kommt, daß man von der Niedrigkeit der Welt keine ausreichende Vorstellung gehabt hatte und demnach sein Ziel höher steckte, als sie. Man erfährt beiläufig was an Einem ist. –

Man pflegt die Jugend die glückliche Zeit des Lebens zu nennen, und das Alter die traurige. Das wäre wahr, wenn die Leidenschaften glücklich machten. Von diesen wird die Jugend hin und her gerissen, mit wenig Freude und vieler Pein. Dem kühlen Alter lassen sie Ruhe, und alsbald erhält es einen kontemplativen Anstrich: denn die Erkenntniß wird frei und erhält die Oberhand. Weil nun diese, an sich selbst, schmerzlos ist, so wird das Bewußtseyn, je mehr sie darin vorherrscht, desto glücklicher. Im Alter versteht man besser die Unglücksfälle zu verhüten; in der Jugend, sie zu ertragen. Man braucht nur zu erwägen, daß aller Genuß negativer, der Schmerz positiver Natur ist, um zu begreifen, daß die Leidenschaften nicht beglücken können und daß das Alter deshalb, daß manche Genüsse ihm versagt sind, nicht zu beklagen ist. Denn jeder Genuß ist immer nur die Stillung eines Bedürfnisses: daß nun mit diesem auch jener wegfällt, ist so wenig beklagenswerth, wie daß Einer nach Tische nicht mehr essen kann und nach ausgeschlafener Nacht wach bleiben muß. Viel richtiger schätzt Plato (im Eingang zur Republik) das Greisenalter glücklich, sofern es den bis dahin uns unablässig beunruhigenden Geschlechtstrieb endlich los ist. Sogar ließe sich behaupten, daß die mannigfaltigen und endlosen Grillen, welche der Geschlechtstrieb erzeugt, und die aus ihnen entstehenden Affekte, einen beständigen, gelinden Wahnsinn im Menschen unterhalten, so lange er unter dem Einfluß jenes Triebes oder jenes Teufels, von dem er stets besessen ist, steht; so daß er erst nach Erlöschen desselben ganz vernünftig würde. Gewiß aber ist, daß, im Allgemeinen und abgesehn von allen individuellen Umständen und Zuständen, der Jugend eine gewisse Melancholie und Traurigkeit, dem Alter eine gewisse Heiterkeit eigen ist: und der Grund hievon ist kein anderer, als daß die Jugend noch unter der Herrschaft, ja dem Frohndienst jenes Dämons steht, der ihr nicht leicht eine freie Stunde gönnt und zugleich der unmittelbare oder mittelbare Urheber fast alles und jedes Unheils ist, das den Menschen trifft oder bedroht: das Alter aber hat die Heiterkeit Dessen, der eine lange getragene Fessel los ist und sich nun frei bewegt. – Andererseits jedoch ließe sich sagen, daß nach erloschenem Geschlechtstrieb der eigentliche Kern des Lebens verzehrt und nur noch die Schaale desselben vorhanden sei, ja, daß es einer Komödie gliche, die von Menschen angefangen, nachher von Automaten, in deren Kleidern, zu Ende gespielt werde.

Wie dem auch sei, die Jugend ist die Zeit der Unruhe; das Alter die der Ruhe: schon hieraus ließe sich auf ihr beiderseitiges Wohlbehagen schließen. Das Kind streckt seine Hände begehrlich aus, ins Weite, nach Allem, was es da so bunt und vielgestaltet vor sich sieht: denn es wird dadurch gereizt; weil sein Sensorium noch so frisch und jung ist. Das Selbe tritt, mit größerer Energie, beim Jüngling ein. Auch er wird gereizt von der bunten Welt und ihren vielfältigen Gestalten: sofort macht seine Phantasie mehr daraus, als die Welt je verleihen kann. Daher ist er voll Begehrlichkeit und Sehnsucht in's Unbestimmte: diese nehmen ihm die Ruhe, ohne welche kein Glück ist. Während demnach der Jüngling meint, daß Wunder was in der Welt zu holen sei, wenn er nur erfahren könnte wo; ist der Alte vom Kohelethischen »es ist Alles eitel« [Prediger Salomo] durchdrungen und weiß, daß alle Nüsse hohl sind, wie sehr sie auch vergoldet seyn mögen. Denn im Alter hat sich das Alles gelegt; theils weil das Blut kühler und die Reizbarkeit des Sensoriums minder geworden ist; theils weil Erfahrung über den Werth der Dinge und den Gehalt der Genüsse aufgeklärt hat, wodurch man die Illusionen, Chimären und Vorurtheile, welche früher die freie und reine Ansicht der Dinge verdeckten und entstellten, allmälig losgeworden ist; so daß man jetzt Alles richtiger und klärer erkennt und es nimmt für Das, was es ist, auch, mehr oder weniger, zur Einsicht in die Nichtigkeit aller irdischen Dinge gekommen ist. Dies eben ist es, was fast jedem Alten, selbst dem von sehr gewöhnlichen Fähigkeiten, einen gewissen Anstrich von Weisheit giebt, der ihn vor den Jüngeren auszeichnet. Hauptsächlich aber ist durch dies Alles Geistesruhe herbeigeführt worden: diese aber ist ein großer Bestandtheil des Glücks; eigentlich sogar die Bedingung und das Wesentliche desselben.

IV

Wenn die Liebe noch mal zuschlägt!

Günter Eich

FORTSETZUNG

Ich habe einen Baum gepflanzt und einen
  Sohn gezeugt, alles getan, was der
  Prophet verlangt. Aber es war ein Trompetenbaum,
  ich weiß nicht, ob die gelten.
Und der Trompetensohn?
Weiß ich noch weniger. Der Prophet wird mir auch
  eine Tochter verzeihen, sie zeichnet in Kohle,
  ich nehme jetzt Stunden bei ihr.
Nach der Pflicht die reinen Vergnügungen. Ich will
  Pilzkenner werden.
Schachspielen bis Königindisch. Und die schwierigen
                              Endspiele.
Immer neue Schönheiten.
Bis zur künstlichen Atmung. Die Welt hört nicht
  auf, das muß man lernen.

Renate Welsh

Liebe Schwester

Das Telefon läutete.

»Gehst du bitte?« rief Karla. »Ich bin im Bad!« Im Bad! Auf dem Klo war sie, aber das würde sie nicht sagen, sie nicht.

Sefa riß den Hörer von der Gabel, knurrte: »Ja?« Herr Vasicek – sie konnte noch nicht an ihn als Gustl denken – entschuldigte sich für die Störung, sie beeilte sich, ihm zu versichern, daß er durchaus nicht störe, aber er hörte mehr den Ton als die Worte, was sie wiederum dazu zwang, ihn zum Kaffee einzuladen. Wenn ihm der Regen nicht zuviel sei, fügte sie hinzu, worauf er natürlich sagen mußte, daß das Vergnügen, sie zu sehen, auch vom schlimmsten Dauerregen nicht beeinträchtigt werden könne. Als sie den Hörer auflegte, fühlte sie sich erschöpft. So viel gegenseitige Rücksichtnahme war entschieden anstrengend.

»Aber Kuchen back ich keinen«, sagte sie zu Karla. »Sonst glaubt er womöglich …«

Karla unterbrach sie. »Das ist allerdings möglich, und es wäre ganz und gar unrichtig, nicht wahr?«

»Ich bin vierundachtzig!«

»Was du nicht sagst.«

Als er kam, war er ungewöhnlich ernst, brachte auch weder Blumen noch Konfekt mit. Nach dem Kaffee entschuldigte sich Karla, sie habe einen dringenden Brief zu schreiben und hoffe, Gustl würde so freundlich sein, ihn für sie zur Post zu bringen. Sefa war verärgert, fand es lächerlich, mit einer so durchsichtigen Entschuldigung mit ihm allein gelassen zu werden. Gustav räusperte sich, setzte mehrmals zum

Sprechen an, bevor es ihm endlich gelang, einen ersten Satz herauszustottern, dann, als sei ein Damm gebrochen, überschlugen sich die Wörter, ein Stammeln, das so gar nicht zu seiner sonstigen sorgfältig überlegten Art paßte. Sie saß da, die Hände im Schoß gefaltet, bemühte sich – nicht immer erfolgreich – zu verstehen, der Wortschwall schlug über ihr zusammen, sie schnappte nach Luft.

Es sei ihr wohl aufgefallen, daß er sie sehr schätze, ihre Schwester natürlich auch, aber sie doch auf ganz besondere Weise, seit vielen Jahren habe er sich nicht so lebendig gefühlt wie in ihrer Gegenwart, die Gespräche, die Ausflüge miteinander, die Stunden hier hätten ihn glücklich gemacht, nie hätte er gedacht, daß so etwas in seinem Alter möglich sein könnte, dieses plötzliche Aufblühen, dieses Erkennen von Gemeinsamkeiten, das ihn fast erschreckt habe, und er habe durchaus, also er habe den Eindruck gewonnen, daß er ihr nicht gleichgültig sei, und jetzt rede er wie ein mondsüchtiger Gymnasiast, nicht wahr, sie könne ihn ruhig auslachen, es sei ja wirklich zu lächerlich, in seinem ganzen Leben habe er nicht so, und letztlich habe er doch gelebt von seiner Redefertigkeit, aber jetzt ... Er wurde rot, fuhr sich mit beiden Händen übers Gesicht, schaute sie hilfesuchend an, senkte den Blick. »So wertvoll mir Ihre ... deine ... Freundschaft ist«, endete er, »ich fürchte, dies wird mein letzter Besuch sein müssen, weil ... Verstehen Sie ... verstehst du ... denn nicht?«

»Nein«, sagte Sefa. »So leid es mir tut, ich verstehe wirklich nicht. Sind Sie ... bist du ... anderweitig gebunden?« Wie dumm das klang. Er war nicht der einzige, der sich lächerlich machte.

»Nein!« Das war so laut herausgeschrien, daß Sefa Karlas Schritte im Vorzimmer hörte, die aber vor der Tür innehielten.

Sefa stand auf, trat hinter ihn, drückte seinen Kopf an ihre

Brust, schlang beide Arme um ihn und hielt ihn fest. Nach einiger Zeit erst merkte sie, wie die Lehne seines Stuhls in ihren Magen drückte.

Die Tür ging auf, Karla kam herein. Sie schien nicht zu merken, wie verstört Sefa und Gustl waren, lief in die Küche, kam mit einer Flasche Wein zurück, bedauerte, daß kein Champagner im Haus war, holte Gläser aus dem Schrank, schenkte ein. Gustl räusperte sich, Sefa schüttelte den Kopf, er war so offensichtlich verwirrt, auch in seinem Kodex war diese Situation nicht vorgesehen, er wetzte sogar auf seinem Stuhl herum wie ein Kind, das zum Klo muß. Karla deutete die Verlegenheit der beiden als Ausdruck sprachlosen Glücks, drückte ihnen Gläser in die Hand, hielt eine launige kleine Rede, die sie lang vorbereitet haben mußte, so ganz aus dem Stegreif konnte das nicht sprudeln. »Jetzt darfst du die Braut küssen!« endete sie, und weil Sefa und Gustl immer noch steif dastanden, umarmte sie zuerst ihn, dann Sefa, küßte sie auf beide Wangen, erklärte, sie habe noch zu tun, und verließ das Zimmer.

Gustl starrte den Boden zu seinen Füßen an. Sefa wandte sich ihm zu, hob sein Kinn, legte ihm die Hände um den Hals.

»Aber ...«, preßte er heraus.

Sie legte ihm den Finger auf den Mund, dann küßte sie ihn, obwohl er wie versteinert dastand, mit mahlenden Kiefern, zusammengepreßten Lippen und am Hals hervortretenden Sehnen. Sie strich mit vier Fingern die Falten auf seiner Stirn von der Mitte zu den Schläfen hin aus, legte ihm beide Hände auf die Schultern. Es war schrecklich wichtig, jetzt nicht das Falsche zu sagen, aber sie wußte nicht, was richtig war, was überhaupt richtig sein konnte. Plötzlich hielt er sie in den Armen, drückte sein Gesicht in ihre Halsgrube. Sie spürte seine Nase, sein Atem kitzelte sie.

»Komm«, sagte sie nach einer Weile. »Gehen wir ein bißchen spazieren?«

Karla schüttelte den Kopf, als sie sie im Vorzimmer antraf. »Es regnet doch!«

»Im Augenblick nicht«, sagte Gustl.

»Es fängt bestimmt gleich wieder an«, beharrte sie und drängte ihnen Papas großen schwarzen Schirm auf.

Jedes Fliederblatt trug einen glitzernden Tropfen, die Fächer der Robinien glänzten frisch gewaschen, die Pelargonien in den Fensterkisten ließen die schweren Köpfe hängen, rosarote Blütenblätter waren auf den Gehsteig geschwemmt. In der Gosse sprudelte das Wasser zum Kanalgitter. Aus einer Baumkrone fiel ein dicker Tropfen Sefa auf die Nase, gleich darauf traf einer Gustls Stirnglatze. Sie gingen schweigend nebeneinander her, bis Gustl auf ein Eichkätzchen wies, das genau in der Mitte eines Vorgartenbeets Männchen machte. Da nahm sie seine Hand. Seine Finger fühlten sich gut an, fest und warm.

Er machte immer wieder Anstalten, etwas zu sagen, kam dabei aus dem Rhythmus und schaltete einen Wechselschritt ein, um sich ihr anzupassen.

»Du weißt, daß ich älter bin als du?« Ein dicker Tropfen zerplatzte auf ihrer Nase.

Er blieb stehen, zum ersten Mal an diesem Tag lächelte er, wischte vorsichtig den Tropfen ab. Auch als ihnen die Apothekengehilfin entgegenkam, grüßte und Gustl neugierig musterte, ließ Sefa seine Hand nicht los. Sie kicherte.

»Was ist so komisch?« fragte er.

»Nur, daß es morgen ganz Hietzing und Umgebung wissen wird.«

Gustl zog sie an sich und küßte sie. Aus der Robinie triefte Tropfen um Tropfen in ihren Nacken, rieselte ihren Rücken hinab. »Du weißt ja nicht«, flüsterte er ihr ins Ohr, »du weißt ja nicht, wie sehr ich mir gewünscht habe, dich so zu halten. Obwohl – obwohl ich das eigentlich ...« Er brach ab.

»Mitten auf der Hietzinger Hauptstraße«, sagte sie.

Er nahm ihren Ellbogen und führte sie in die nächste Seitengasse. Eine erste Kastanie fiel vor ihnen auf den Gehsteig, sie hob sie auf, rieb sie an ihrem Ärmel trocken, reichte sie ihm.

»Ich kann dir gar nicht genug danken«, sagte er.

»Für die Kastanie?«

»Für die auch.« Er hielt die rötlichbraune glänzende Kastanie in der flachen Hand, drehte sie hin und her. Als Buben, sagte er, hätten sie säckeweise Kastanien für die Wildfütterung im Lainzer Tiergarten gesammelt, Kastanienketten seien ihre Waffen bei allen Auseinandersetzungen mit Mitschülern gewesen. Sefa lachte. Sie und Karla hätten Körbchen aus den Kastanien geschnitzt und Tiere für ihren Zoo gebastelt. Er steckte die Kastanie in seine Manteltasche. »Die ist jetzt mein Talisman.«

Es begann wieder zu nieseln, nach kurzer Zeit platschten riesige Tropfen auf den Asphalt. Unter dem Schirm war es selbstverständlich, eingehakt zu gehen. Gustl preßte Sefas Arm an sich. Ein Tropfen vom Rand des Schirms fiel ihm in den offenen Mund.

»Siehst du«, sagte sie.

»Sehe ich was?«

»Das mußt du selbst herausfinden.« Sie legte ihre Hand auf seine, nach einer Weile wurde ihr kalt, da kuschelte sie ihre Hand in die Höhlung seiner Hand. »Ich hab gar nicht gewußt, wie sehr ich es vermißt habe, einen Menschen so nahe zu spüren.« Wasser schwappte unter ihren Schuhen.

»Meine Schritte klingen wie fette alte Kröten, die in einen Teich voller Algen platschen«, stellte er fest.

Karla kam aus dem Kopfschütteln nicht heraus über so viel Unverstand. Eine Lungenentzündung würden sie sich holen, Rheumatismus und wer weiß was sonst. Sie sollten wenigstens sofort trockene Strümpfe anziehen, auch die Glut junger Liebe schütze nicht vor Erkältungen, was seien sie doch für Kindsköpfe. Sie schusselte in die Küche, stellte Teewasser zu, richtete ein Tablett mit Tassen, alles mit ungeheuerem Lärmaufwand.

Sefa lächelte, als sie sah, wie Gustl den Stuhl ansteuerte, auf dem er beim Kaffee gesessen war, neben dem er aber stehen blieb, bis er beiden Schwestern die Stühle zurechtgerückt hatte. Karla goß reichlich Rum in die Tassen, das sei als Medizin notwendig, und als Sefa fragte, ob denn auch Karla naß geworden sei, erklärte sie, daß auch große Freude ein Gefahrenmoment beinhalte und daher vorsorglich zu behandeln sei. Merkwürdig, daß es in so kurzer Zeit selbstverständlich geworden war, zu dritt an diesem Tisch zu sitzen. Über den Teetassen waberten duftende Wölkchen hin und her.

»Na, ihr beiden?« Karla betrachtete sie wie ein Bildhauer ein zu seiner eigenen Überraschung wunderbar gelungenes Werk.

»Wir wollen am Wochenende nach Aussee fahren«, sagte Sefa. Gustl warf ihr einen verwunderten Blick zu. »Du bist natürlich herzlich eingeladen, Karla«, fügte sie hinzu.

»O nein! Ich eigne mich nicht als Anstandswauwau«, erklärte Karla. »Dazu fehlt mir die moralische Größe.« Sie wartete den Protest ab, den Gustl pflichtschuldigst lieferte, dann sagte sie: »Außerdem bin ich mit Leonore verabredet, wir wollen die ›Kathedralen im Wüstensand‹ anschauen, bevor wir die auch versäumt haben. Ist euch schon einmal aufgefallen, wie oft man ein Ausstellungsplakat erst am Tag nach der Schließung wahrnimmt? Ach, und übrigens, Gustl, wohin denkst du uns zur Feier des Tages auszuführen?«

Nach einer langen Diskussion über die unterschiedlichen Meriten verschiedener Gaststätten, die sie kannten oder über die sie gelesen hatten, entschied Karla dann doch, daß das Wetter für vernünftige Menschen viel zu schlecht sei, sie jedenfalls würde heute lieber eine Eierspeise zu Hause essen und das Fest auf einen anderen Tag verschieben, schließlich wolle sie zu einem solchen Anlaß auch zum Friseur gehen und auf gar keinen Fall als gebadete Maus eine mitleiderregende Figur abgeben. Ganz abgesehen davon, daß Sefa auch nicht gerade perfekt frisiert sei.

»Du willst wirklich mit mir nach Aussee fahren?« fragte Gustl, als Karla in die Küche gegangen war und sich jede Hilfe streng verbeten hatte.

»Ja.«

»Aber ich ...«

Was quälte ihn so? »Willst du überhaupt?« fragte sie. Fühlte er sich überrannt?

»O ja. Und wie ich das will.«

Er verabschiedete sich bald nach dem Abendessen. Ihr war es recht, der Tag hatte sie müde gemacht, als wäre sie auf einen hohen Berg gestiegen. Sie ging auch gleich in ihr Zimmer, die Vorstellung war bedrohlich, daß Karla anfangen könnte, sie auszufragen. Irgend etwas war nicht in Ordnung, ganz und gar nicht in Ordnung. Hatte sie ihn verschreckt, weil sie einfach auf ihn zugegangen war? Sie hatte sich ja selbst überrascht. So glücklich hatte er dreingeschaut, glücklich, ja, aber gleichzeitig verstört. Sefa schielte hinüber zu Friedrichs Foto. Er blickte gleichmütig, weder streng noch strafend, blinzelte auch nicht, blickte ins Auge der Kamera, Punkt. Ins Auge des Hurrikans? Mit dir hat das nichts zu tun, dachte sie, es ist ganz anders. Sie erinnerte sich gelesen zu haben, daß Menschen, die in einer guten Ehe gelebt hatten, eher geneigt waren, eine neue Beziehung einzugehen. Damals hatte sie gedacht, das sei Unsinn, der Schreiber – sie war sicher, daß es ein Schreiber gewesen war, keine Schreiberin – hatte wohl nie darüber nachgedacht, daß neue Partner nicht auf den Alleebäumen wuchsen. Waren es die Franzosen, die früher behauptet hatten, kleine Kinder wüchsen in Kohlköpfen heran?

Das erklärte manches, allerdings über Menschen im allgemeinen. Kohlköpfe, sagte sie mehrmals. Kohlköpfe. Sie kicherte. Wie komisch das klang. Eigentlich sollte sie wohl vernünftig nachdenken über das, was sie heute getan hatte. Sie hatte nicht nur Gustl überrascht, sondern vor allem sich selbst. Sie war tatsächlich verliebt. Verrückt, natürlich, aber sie hatte sich in ihn verliebt. Weil er interessant erzählte? Weil er zuhören konnte? Weil er ihr das Gefühl gab, wichtig zu sein? Sie gebe ihm das Gefühl, lebendig zu sein, hatte er gesagt. So ging es ihr mit ihm. Es schauderte sie, wenn sie daran dachte, wie lange sie von Zärtlichkeit nur mit dem jungen Leichenbestatter geträumt hatte, und da war die Vorbedingung ihr eigener Tod gewesen. Krank, sagte sie laut, wirklich krank. Sie spürte den Druck von Gustls Händen. Schön geformte Ohrmuscheln hatte er, die behutsame Art, wie er seine Worte setzte, gefiel ihr, die wellenförmigen Querfalten auf seiner Stirn machten ihr Lust, sie glattzustreichen. Waren es vier oder doch fünf? Sie mußte seine Falten auswendig lernen. Als er in ihrem Pullover aus dem Bad kam, war sie überrascht gewesen, wie breit seine Schultern waren. Ich weiß so wenig von ihm, dachte sie. Eigentlich fast gar nichts. Ich bin neugierig auf ihn, ich möchte ihn sehen, nackt sehen. Also wirklich, meldete sich ein Teil von ihr, du bist unmöglich. Gut, dann bin ich eben unmöglich. Ich schau mir gern Menschen an.

Hab ich ihn schockiert? Warum soll ich ihn nicht schokkieren? Eigentlich ist es ja verrückt. Vierundachtzig Jahre alt und verliebt! Ist es nicht immer verrückt, verliebt zu sein? Weiß eine Zwanzigjährige, wie lange sie noch leben wird? Wie lange die Liebe halten wird? Zum Kuckuck mit der Statistik, die kann nur zählen, und weil sie nur zählen kann, zählt sie nicht. Nicht für mich.

Ich hab immer Schwierigkeiten mit dem Zählen gehabt. Sogar beim Schäfchenzählen komm ich durcheinander, obwohl das wahrscheinlich kein Kriterium ist. Bin ich überhaupt richtig verliebt? Wie soll ich das wissen? Was war anders mit zwanzig? Die Zwanzigjährige, die ich war, ist mir so weltenfremd, unendlich weit weg, fremder als die Fünfjährige. Eine Erinnerung stieg auf. Sie war mit Friedrich und Karla spazierengegangen und von einem Gewitter überrascht worden. Als sie völlig durchnäßt nach Hause kamen, gab Mama Friedrich ein Paar von Papas Socken. Sie hatte Friedrichs Socken aus dem Wäschekorb geholt und unter ihr Kopfkissen gelegt. Lange bevor sie mit Friedrich geschlafen hatte, hatte sie mit seinen schmutzigen Socken geschlafen. Dunkelblau waren sie gewesen. Sefa lachte. Heute würde sie so etwas garantiert nicht mehr tun. Aber das Gras war grüner, der Regen nasser, die Geranien waren röter und die Kastanien glatter. Das genügte. Was kümmerte sie der nächste Winter, das nächste Jahr? Laßt die Toten ihre Toten begraben, ging es ihr durch den Kopf. Wo stand das wieder? Vermutlich auch in der Bibel. Warum fielen ihr die Toten ein, wo sie doch lebendig war wie seit Ewigkeiten nicht? Sie wackelte mit den Zehen, stellte sie auf, rollte sie ein, gähnte ausgiebig, breitete die Arme aus, spreizte die Finger, bis sie den Zug in allen Sehnen spürte. O ja, sie war lebendig. Zwölf Uhr vorbei. Sie genoß es, den Gedankenfetzen träge nachzublicken, die immer undeutlicher wurden, ein Knäuel, ein Ball, ein bunter Ball, den sie hochwarf, so hoch hatte sie nie werfen können, er flog, bis er an der Spitze eines Sichelmondes hängenblieb.

Paul Ernst

Die Liebesbriefe

Daß Isabelle viele Anbeter hat, wird gewiß niemanden wundern; sie trägt ein hellrotes Samtkleid, die Ärmel gepufft und geschlitzt, mit gelber Seide unterfüttert, und darüber einen ärmellosen, offenen violetten Samtmantel. Wenn Lelio ihr zu Füßen sinkt und sie sich anmutig neigt, um ihn aufzuheben, dann ziehen die alten Herren im Parkett ihre Tabaksdose hervor, nehmen eine stille Prise und zerdrücken eine heimliche Träne; das ganze Theater ist atemlos, und den Jungen auf der Galerie läuft das Wasser im Munde zusammen.

Der Notar kann natürlich lesen und schreiben, er ist einer von den wenigen Mitgliedern der Truppe mit wissenschaftlicher Bildung; man erzählt sich von ihm, daß er vor langen Jahren Student war und Schauspieler wurde aus Liebe zu einer Schauspielerin. Der gute Notar war ja auch einmal jung, aber das ist so lange her, daß er selber keine Erinnerung mehr daran hat. Wie alt er eigentlich ist, weiß niemand; selbst die ältesten Mitglieder der Truppe können sich nicht entsinnen, daß er jemals anders aussah wie jetzt. Der arme Notar ist auch nicht ansehnlich; er ist schwarz gekleidet, und eine rote Aktenmappe ist der einzige freudige Fleck an seiner Person; er hat eine Feder hinterm Ohr und eine große Brille auf der Nase; und dazu hat er noch einen Bauch, nicht so einen straffen, fröhlichen, männlichen, kräftigen Bauch, der sich majestätisch wölbt unter einer breiten Brust und roten, gesunden Backen, sondern einen jammervollen Hängebauch, der nie wackeln kann, wenn sein Herr lacht, sondern der nur immer trübselig und kümmerlich niederschlottert. Kann der Notar verlangen, daß Isabelle ihn liebt? Nein, er kann es nicht. Aber er verlangt es auch nicht. Der Notar ist ein Philosoph.

Lelio ist Isabellen zu Füßen gefallen. Isabelle hat ihn aufgehoben, die alten Herren haben die Deckel ihrer Schnupftabaksdosen zugeklappt, die tiefe Erschütterung des Publikums hat sich in stürmischen Beifall aufgelöst, die Jungen auf der Galerie haben so getrampelt, daß das gesamte Publikum husten muß von dem aufgewirbelten Staub, der Vorhang ist gefallen; Isabelle sagt zu Lelio: »Das ist doch ein närrisches Geschäft, das Komödiespielen, nun höre nur wieder, wie sie verrückt sind«; Lelio erwidert: »Ich war heute auch hinreißend«; Isabelle zuckt die Achseln und tritt zum Notar, der mit verklärtem Gesicht vor sich hin starrt. Sie zieht einen Brief aus dem Busen; er ist noch warm von ihrer Haut, wie ihn der Notar mit zitternden Händen nimmt. »Ein Ring war nicht drin«, erzählt sie geringschätzig. Der Alte liest ihr vor: es ist ein Gedicht, das er mit bebender Stimme ihr vorliest. Sie will sich ausschütten vor Lachen; »das muß ein närrischer Kerl sein«, sagt sie, »das ist einer von denen, die nur Blumen schicken; aber die waren auch nicht dabei.« – »Vielleicht ist er arm und hat kein Geld für Blumen«, wendet der Notar ein. »Weshalb unterschreibt er sich denn nicht, wenn er arm ist, dann ist er vielleicht sehr jung«, erwidert sie nachdenklich. Der Notar fährt sich mit der Hand über das Gesicht. Ob ein Vers Isabellen gerührt hat? Sie fragt: »Hat er das Gedicht wohl selber gemacht?« – »Er hat es selber gemacht, auf dich hat er es gemacht«, erwidert eilfertig der Notar. »Ja, was soll ich denn nun tun?« spricht sie wie zu sich selber. »Du bist doch ein guter Kerl, du mußt ihm antworten; er gibt ja eine Chiffre an«, spricht der Notar. Lachend sagt sie: »Antworte du ihm, Alter, ich kann nicht schreiben.« – »Was?« – »Daß ich ihn liebe, daß ich diese Nacht sein Gedicht unter mein Kopfkissen legen will«, ruft sie lachend aus, entreißt ihm das Blatt, wirft sich ihr Tuch um den Kopf und eilt nach Hause. »Unter ihr Kopfkissen«, murmelt der Notar vor sich hin, »unter ihr Kopfkissen.«

Am anderen Tage bringt er Isabellen die Antwort: er hat gleichfalls ein Gedicht geschrieben. Isabelle sitzt unter der Donnermaschine und hört ihm nachdenklich zu, wie er ihr vorliest; ihre Augen füllen sich mit Tränen. »Wie das schön ist!« ruft sie aus; »ach, weshalb ist der junge Mann nicht hier, damit ich ihm das Gedicht selber geben kann! Ja, das ist mein Gefühl, Alter, das hast du getroffen!« – »Nun, so ganz alt sind wir denn doch wohl noch nicht«, erwidert der Notar und streckt sich; seine Wangen färben sich leicht, und seine Augen glänzen. »Ich bringe das Gedicht selber fort«, schließt Isabelle, springt auf, umarmt den Notar, küßt ihn, dreht ihn einige Male im Kreise herum, reißt ihm den Brief aus der Hand und stürmt fort.

Natürlich antwortet der Unbekannte, muß der Notar Isabellen sein Gedicht wieder vorlesen und ein neues Gedicht schreiben; und so gehen die Briefe hin und her; sie werden immer zärtlicher, immer leidenschaftlicher. Wenn der Notar vorliest, so sitzt Isabelle neben ihm, bückt sich auf das Papier und sucht den Worten zu folgen; sie spürt es kaum, wie der Notar den Arm um sie legt; ihre Tränen fließen, der Notar weint, die Tränen fallen auf das Papier; lachend macht sich Isabelle frei und ruft: »Du denkst wohl, du bist mein Geliebter, der mir die schönen Gedichte schreibt!«

Alle Schauspieler sind neugierig, was die beiden haben mögen, aber die hüten ihr Geheimnis, sie verraten nichts von den Gedichten und dem unbekannten Liebhaber, denn sie wissen, daß die andern lachen würden. Wenn sie auf der Bühne nicht beschäftigt sind, dann erzählen sie sich von dem Liebhaber, wie er aussehen mag, wie alt er ist, welchen Stand er hat; Isabelle glaubt, er ist ein hübscher junger Student, der auf die Galerie geht, weil er arm ist; der Notar meint, es könne doch vielleicht schon ein älterer Mann sein, vielleicht ein

Mann in den besten Jahren, denn Jünglinge lieben nicht so treu, sie sind flatterhaft; vielleicht ist Isabelle die letzte Liebe eines solchen Mannes; vielleicht, wenn er wüßte, daß Isabelle ihn lieben würde, auch wenn er nicht mehr so ganz jung ist, dann würde er sich entdecken. Isabelle schüttelt den Kopf; sie findet, daß man unmöglich einen Alten lieben kann. »Da könnte ich dich doch auch lieben, Notar!« ruft sie ungeduldig aus, wie er immer bei seiner Meinung beharrt. Der Notar seufzt und schweigt.

Sollte man es für möglich halten? Die Schauspieler behaupten, daß Isabellens Gesicht sich ändert, daß sie einen glücklichen und zufriedenen Ausdruck bekommen hat, ja, daß ihr Gang anders geworden ist, zaghafter und ruhiger. Natürlich nehmen alle jetzt an, daß sie eine Liebschaft mit dem Notar hat, der doch ihr Großvater sein könnte; die Männer machen Witze über den Alten, die Frauen höhnen über Isabellen; aber die beiden lächeln still und lassen sich nicht stören.

An einem Abend begleitet der Notar Isabellen nach Hause; er begleitet sie jetzt gewöhnlich, denn sie sagt, sie wolle nicht, daß ihr unbekannter Liebhaber eifersüchtig werde, wenn sie sich von einem jungen Manne begleiten lasse; auf den Notar werde er gewiß nicht eifersüchtig; und der Notar bestätigt eifrig und mit Beteuerungen, auf ihn könne der unbekannte Liebhaber nicht eifersüchtig werden. Und er nimmt es ernst mit der Begleitung, er bietet ihr den Arm, hilft ihr über die breiten Gossen, unterstützt sie beim Treppensteigen, indem er ängstlich sein klopfendes Herz preßt, damit sie nicht seine Ermüdung merkt. Da ist eine sehr breite Gosse; er springt gewandt hinüber, um ihr die Hand zu reichen und sie nach sich zu ziehen; aber da hat jemand eine Apfelsinenschale hingeworfen; der Notar gleitet aus, stürzt und bricht sich ein Bein; seine alten Knochen sind ja schon morsch. Isabelle erschrickt; er sucht sich zu erheben, um sie zu beruhigen, aber er kann nicht; sosehr er sich bezwingt, muß er doch leise stöhnen. Isabelle springt zu ihm hinüber, kauert im Schmutz und nimmt seinen Kopf in den Schoß; dankbar sagt er zu ihr: »Gutes Kindchen, gutes Kindchen.« Sie ruft, Leute kommen, man hebt den alten Mann auf und bringt ihn nach Hause; der Barbier wird geholt und schient das Bein; Isabelle bleibt bei ihm, hört seine Fieberphantasien; immer spricht er von ihr, von den Gedichten, sagt er die Gedichte her, und wunderlich vermengt er den unbekannten Liebhaber mit sich selber, spricht von einem Studenten auf der Galerie, der sich in eine Schauspielerin verliebt hat, in die Isabelle, und ihr zuliebe Schauspieler geworden ist; er ist Notar geworden; aber das ist schon lange, lange Jahre her, und er ist jetzt ein alter Mann, und nun liebt er wieder seine Isabelle; aber jetzt ist er zu alt für Isabellen; Isabelle darf nie wissen, daß er es ist, der ihr die Briefe geschrieben hat.

Am andern Morgen ist sein Verstand wieder klar; er erwacht, sieht Isabellen an seinem Bett sitzen und lächelt. Er sagt: »Ich sterbe, Isabelle, das fühle ich; ich bin ja schon alt.« Isabelle sucht ihm das auszureden, und wie er immer den Kopf schüttelt, sagt sie endlich weinend: »Wer soll mir denn nun die Briefe von meinem unbekannten Liebhaber vorlesen und beantworten?« Der Notar schließt die Augen und schweigt eine Weile; dann sagt er lächelnd: »Es werden keine Briefe mehr kommen.«

Er starb wirklich an seiner Verletzung; nur ein paar Stunden lebte er noch; Isabelle war bei ihm; und er starb, als sie ihn aufrichtete, um sein Kopfkissen höher zu legen; so war es in ihren Armen, daß er seinen Geist aufgab, und ihre Finger drückten ihm die Augen zu. Und er hatte recht gehabt mit seiner Voraussicht: es kamen keine Briefe mehr von dem unbekannten Liebhaber.

Wilhelm Busch

Da kommt mir eben so ein Freund

Da kommt mir eben so ein Freund
    Mit einem großen Zwicker.
Ei, ruft er, Freundchen, wie mir scheint,
    Sie werden immer dicker.

Ja ja, man weiß oft selbst nicht wie,
    So kommt man in die Jahre;
Pardon, mein Schatz, hier haben Sie
    Schon eins, zwei graue Haare! –

Hinaus, verdammter Kritikus,
    Sonst schmeiß ich dich in Scherben.
Du Schlingel willst mir den Genuß
    Der Gegenwart verderben!

Ottilie Wildermuth

AUCH EIN ALTES PÄRCHEN

Der verwitweten Frau Stadtschreiber Krollin mußte es in ihrem Ehestand recht gut ergangen sein; denn es gab niemand, der so aufgelegt gewesen wäre, Heiraten zu stiften, wie sie. Wo sie einen »Angestellten« wußte, der noch nicht so glücklich war, verlobt oder vermählt zu sein, da schwebte ihr gleich eine ganze Liste heiratsfähiger Frauenzimmer (»Damen« war damals noch keine übliche Bezeichnung) vor Augen, und sie war unerschöpflich in Entdeckung neuer Kanäle, durch die sie an verhärtete Hagestolzenherzen zu gelangen wußte. Man mußte sie sehen, wenn sie mit ihrer Dose neben sich und einer Kaffeetasse vor sich bei irgend einer Frau Base oder gar bei der Mama eines Ehestandskandidaten saß; mit welch strahlendem Gesicht sie die Töchter des Landes die Musterung passieren ließ und nicht nur von jeder wußte, wie viel sie besaß, sondern auch die Quellen davon. »Ich sage Ihnen, jedes der Mädchen bekommt dreitausend Gulden gleich mit, außer der achtzehnfachen Aussteuer! Die Mutter hab' ich noch ledig gekannt, die ist eine geborene Bernerin, und der alte Berner hat einen ledigen Bruder geerbt mit wenigstens achtzigtausend Gulden.« Und nicht nur reiche Erbinnen hatten sich ihrer Fürsorge zu erfreuen, sie hatte auch Herzen zu herabgesetztem Preis in Petto, gesetzte Frauenzimmer für Witwer mit drei, fünf, sieben bis neun Kindern, resolute Personen, die in ein strenges Geschäft taugten, kurz: »Der Jüngling und der Greis am Stabe, ein jeder ging beschenkt nach Haus.« Waren dann die Leute versorgt, so ließ sie sie ruhig ihrer Wege ziehen, ohne ihre Verdienste geltend zu machen, wenn es gut, oder sich verantwortlich zu fühlen, wenn es schlimm ging; erst wenn sie verwitwet wurden, gewannen sie wieder Interesse für sie.

Die Lebenszeit ihres seligen Mannes, wo sie als Genossin seiner Würde an seiner Seite regiert hatte über die Schar der Schreiber und Substituten, hatte sie redlich benützt. Sie selbst war leider weder mit Töchtern noch mit Söhnen gesegnet; aber sieben Nichten und drei Paten waren nach und nach glücklich an Pfarrer, Schreiber und anderweitige »Subjekte« untergebracht worden und konnten in verschiedenen Teilen des Landes die fürsorgliche Güte ihrer Tante rühmen. Für den Augenblick aber schien die Frau Stadtschreiberin genötigt zu sein, auf ihren Lorbeern auszuruhen. Alle Witwer nah und fern in der Runde waren versorgt, alle Aktuare und Vikare versprochen; einen hartnäckigen Amtspfleger, der, recht ihr zum Trotze, gerade gegenüber mit einer uralten Haushälterin seine ledige Wirtschaft führte, hatte sie als hoffnungslos längst aufgegeben. So saß sie denn eines Morgens in unfreiwilliger Ruhe, wie ein tatendurstiger Krieger zur Friedenszeit, in ihrem wohlgewärmten Stübchen beim Kaffee, als ihr der Hausherr wie gewöhnlich die Zeitung heraufschickte.

Den politischen Teil des Blattes ließ sie stets unberührt; ob's Krieg oder Frieden in der Welt geben werde, das konnte sie doch nicht herausbringen; und von der Zollvereinsfrage wollte sie nichts mehr hören, seit sie fand, daß Zucker und Kaffee doch nicht wohlfeiler wurden. Ihr Lebenselement waren erst die Traueranzeigen, die Beförderungen. Über die Heiratsanträge entsetzte sie sich sehr; sie fand das einen höchst unschicklichen Weg und konnte nicht begreifen, wie ein Frauenzimmer sich entschließen möge, so einen »Zeitungsmann« zu nehmen.

So durchlief sie denn wieder begierig die Reihe der Traueranzeigen; das war aber magere Ausbeute, kein bekannter Name. »Gegenwärtig stirbt doch auch gar niemand Rechtes«, sagte sie verdrießlich, ohne zu ahnen, welche Grausamkeit in diesem Verdruß liege. Bald aber traf sie auf ein erfreulicheres Feld: »Seine Königliche Majestät haben geruht« – zuerst Hauptleute, Ober- und Unterleutnants und so weiter; das war ihr gleichgültig, um Militärpersonen hatte sie sich noch nie bekümmert; gleich darauf aber kam's besser –: »die evangelische Pfarrei Schniezingen dem Pfarrer Brommeler von Bergmühl zu übertragen.« Das fiel wie Tau auf trocken Land, und eine Welt von Gedanken quoll aus diesen dürren Worten. War nicht Schniezingen in der nächsten Nähe, kaum eine Stunde entfernt von ihrem Wohnsitz? Und war's nicht gut, daß der langweilige Amtsverweser von dort wegkam, der so frech gewesen, sich eine Braut auf eigene Hand auszuwählen, eine Ausländerin aus dem Badischen, von der kein Mensch wußte, wem sie gehörte? War nicht der Pfarrer Brommeler ein naher Vetter, das heißt ein Schwager von einem Drittekind ihres seligen Mannes, und seit drei Jahren Witwer? Welche Aussicht, welche Reihe von Plänen! Das einfältige Bergmühl lag fast am Ende des Landes, da hatte man dem Brommeler mit keinem vernünftigen Vorschlag beikommen können; nun war's recht gut, daß er noch nirgends unvorsichtig »hineingetappt« war, daß man noch für ihn sorgen konnte.

Flugs setzte sie sich hin, um dem Herrn Vetter die Verwandtschaft ins Gedächtnis zu rufen, zu der guten Pfarrei zu gratulieren und ihre Dienste zu etwaigen Anordnungen wegen Hausputzen, Kunstherdsübernahme, Gartenbesorgung und so weiter anzubieten. Nachdem sie mit vieler Anstrengung diese Epistel zustande gebracht, konnte sie sich getrost weiteren Operationsplänen überlassen. Ein Witwer ohne Kinder auf einer so guten Pfarrei! Sie wußte noch gar nicht, wem sie diesen leckeren Bissen zuwenden sollte. Dazu mußte der Brommeler noch ein ganz stattlicher Mann sein in den besten Jahren. Das brauchte reifliche Erwägung. Aber war sie denn auch gewiß, daß er noch Witwer war? Vor zwei Jahren war er's noch gewesen, sie hatte aber damals schon gehört, daß seine Haushälterin sich scharf um ihn bemühe; konnte es nicht sein, daß die Bemühungen dieser schlechten Person – jede Heirat war unstatthaft, die nicht durch ihre Vermittlung zustande kam – indes gelungen waren? Das mußte ermittelt werden.

Glücklicherweise fiel ihr ein, daß in der fünf Stunden entfernten größeren Stadt die Frau Kammerdiener Rutscher wohne, ein leiblich Geschwisterkind des Brommeler und ihr durch diese Verwandtschaft von lange her bekannt. Sie hätte schon längst in die Stadt sollen, um sich dunkeln Kattun zu einem Überrock zu kaufen, da sie durch die fünf Musterpäcke, die ihr zugesandt worden waren, noch nicht zur Entscheidung hatte kommen können. Da war's denn am besten, sie faßte den Entschluß, selbst auszuwählen und zugleich bei der Frau Rutscher Erkundigungen einzuziehen. Demzufolge wurde ein Platz im Deckelwegen des Stadtboten bestellt. Damals gab es weder Eisenbahnen noch Omnibusse, und man traf Anstalten, als gelte es eine Reise um die Welt.

Eine Fahrt mit dem Stadtboten hatte die Unannehmlichkeit, daß man schon morgens um vier Uhr bereit sein mußte; für eine alte Frau eine harte Zumutung. Salome, die alte Magd, hatte den ganzen vorhergehenden Tag zu laufen, bis alles gehörig besorgt war. Da mußte ein halb Pfund Kaffee geholt werden, um nach alter gute Sitte der Frau Rutscherin eine kleine Verehrung mitzubringen; ferner mußte man Milchbrot rösten zum morgigen Frühstück, da so früh noch nichts beim Bäcker zu haben war; sodann den Bäckerjungen bestellen, daß er eine Stunde vor der Aufbruchszeit am Hause schelle, um zu wecken; auch mußte die Staatshaube noch zur Putzmacherin und das feine Merinokleid gehörig gebürstet werden. Endlich legten sich Frau und Magd um sieben Uhr abends zur Ruhe, um gewiß morgens bei Zeit wach zu sein.

Nach einer endlosen Fahrt, eingezwängt mit dem Nachbar Kupferschmied, zwei Mägden, die Dienste suchten, und der Familie des Boten, zwischen Kisten, Schachteln und Koffern, kam die Frau Stadtschreiberin matt und müde, wie gerädert, in der kleinen Residenz an. Sie hätte gern unterwegs den versäumten Morgenschlaf nachgeholt, aber bei jedem Nicken war ihr Kopf in bedrohliche Berührung mit dem Kessel gekommen, den der Kupferschmied in die Residenz lieferte und der im Fond des Wagens aufgepackt war. Es war nahe an zehn Uhr, als sie ausstieg, um sich zu Frau Rutscher zu begeben, die sie, wie sie hoffte, in verschiedene Kaufläden begleiten werde, um den Kattun auszuwählen.

Ein Regenguß drohte, als sie eben die Pforte der Rutscherschen Wohnung erreichte, sehr verlangend nach einem guten Kaffee und einer warmen Stube. Siehe, da stand Tür und Tor weit offen; die hochaufgeschürzte Magd war zwischen Kübeln und Sandscherben in vollster Putzarbeit und gab kurzen Bescheid. Herr Rutscher war im Schloß und kam heute nicht heim, die Frau war über Land bei ihrer Tochter, der sie im Wochenbett wartete. Die Magd traf nicht die mindeste Anstalt zur Aufnahme und Bewirtung der Frau Stadtschreiberin. Seufzend schickte sich diese an, ihren Stab weiter zu setzen, ohne zunächst zu wissen wohin. Da kam eine sehr sorgfältig gekleidete ältliche Frau soeben mit nassem Regenschirm zur Haustür herein und hörte noch das Gespräch. »Ach, das wird der Frau Rutscher gar leid sein, so einen raren Besuch zu versäumen! Sie hat mir schon manchmal von Ihnen erzählt. Aber Sie werden doch nicht in dem Wetter fort wollen? Bemühen Sie sich in mein Stübchen!« lud sie die höfliche Frau ein, die, wie die Magd zu der Frau Stadtschreiberin beiseite sagte, Frau Pfarrer Senner war und im oberen Stock wohnte.

Nach unzähligen Komplimenten ließ sich die Frau Stadtschreiberin bewegen, mit der Frau Pfarrerin in ihr recht nett gehaltenes Mansardenstübchen zu gehen und dort ein Täßchen Schokolade zu trinken, das diese in Ermangelung einer Magd unter unendlichen Entschuldigungen wegen ihres öfteren Ab- und Zugehens selbst bereitete. Zuletzt ließ sich die Frau Stadtschreiberin sogar noch nötigen, zum Essen zu bleiben, wobei es freilich etwas knapp zuging, da sich die Frau Pfarrerin aus einer Menage speisen ließ: aber dafür besserte sie mit einem guten Kaffee nach, so daß die beiderseitigen Herzen vollständig aufgingen. Es ergab sich, daß der Vater der Frau Pfarrerin Diakonus im Ort gewesen, wo der Vater der Frau Stadtschreiberin als Dekan gelebt; somit war es eine alte Bekanntschaft.

Die Frau Pfarrerin war überaus sorgfältig, wenn auch in billige Stoffe gekleidet, hatte sogar etliche Blümlein in ihrer Haube und ein himmelblaues Band darauf, zum Zeichen, daß sie noch für jung gelten wollte, was ihr aus einiger Entfernung auch gelingen konnte, wenn man ihre falschen Haare und ihren zahnlosen Mund übersah. Sie hatte der Frau Stadtschreiberin viel zu klagen über ihre bedrängte Lage, in der sie sich seit ihres Mannes Tod befinde. Bisher habe sie zwei Söhne eines wohlhabenden Vetters bei sich gehabt und mit deren Kostgeld ihre Haushaltung bestritten; jetzt aber habe dieser sie heimgenommen und halte ihnen einen Hofmeister, und ihr bleibe keine Wahl, als zu einem Stiefsohn zu ziehen, was sie bitter ungern tue.

Die Frau Stadtschreiberin hatte großes Mitleid mit ihrer Wirtin, und als diese nachmittags mit ihr in sechs Kaufläden herumzog, wo sie das halbe Warenlager herabreißen ließen, bis sie im letzten endlich über den dunkeln Kattun einig wurden, da war die neue Bekanntschaft bei ihr auf den Gipfel der Gunst gestiegen. Es war ein vortrefflicher Einkauf, dieser dunkle Kattun, so fein im Boden, so echt in der Farbe, so bescheiden und doch freundlich, so einfach und doch simpel. Über diesem gelungenen Handel und einem vorteilhaften Einkauf in Reis, den sie um einen halben Kreuzer wohlfeiler bekam als daheim und von dem sie daher einen Achtelszentner aufpackte, vergaß sie fast ganz den eigentlichen Zweck ihres Besuchs, und nachdem sie den Stadtboten drei Viertelstunden hatte warten lassen, weil der Metzger die guten und billigen Würste, die ihr die Frau Pfarrerin verraten, noch nicht fertig hatte, fuhr sie ganz befriedigt ab und berechnete unterwegs, wieviel sie auf dieser Reise profitiert habe.

Die Frau Stadtschreiberin hatte nun freilich nichts Näheres über den Pfarrer Brommeler erkundet; das war aber auch nicht nötig, denn nach vier Tagen erhielt sie bereits einen Brief von ihm selbst, in dem er sich schönstens bedankte für ihr freundliches Zuvorkommen, seiner einsamen Lage erwähnte und meldete, daß seine Haushälterin den Kunstherd übernehmen wolle, wenn auch ein Backöfele dabei sei und die Töpfe alle in gutem Zustand. Also war er noch Witwer! Das war die feste Grundlage, auf der sich weiterbauen ließ, und jetzt erst kam ihr ein Lichtgedanke: die Frau Pfarrerin, das war ja die allerbeste Frau für den Brommeler! Sie brauchte dann nicht zu ihrem Stiefsohn zu ziehen, und beide hatten keine Kinder; das paßte alles vortrefflich. Ein bißchen alt war sie freilich, aber sie stellte doch noch etwas vor. Ja, es gestaltete sich immer fester in ihrem Kopf: so mußte es werden.

Als nach sechs Wochen der Herr Vetter Brommeler kam, um seinen neuen Dienst anzutreten, ward er von der Frau Base zuvor mit Kaffee bewirtet, ehe ihn eine Deputation der Gemeinde in sein vollkommen gerüstetes und bereitetes Pfarrhaus einführte, und mit dieser Stunde begann die Frau Stadtschreiberin die Ausführung ihres Operationsplans. Jungfer Philippine, die Haushälterin, die stets höchst besorgt um ihren Gebieter herumscherwenzelte, hatte nicht so ganz unrecht mit dem instinktartigen Widerwillen, den sie bald unverkennbar gegen die Frau Stadtschreiberin an den Tag legte; denn allerdings mußte diese ihr Werk damit beginnen, daß sie die Herrschaft der Philippine untergrub und dem

Pfarrer die Notwendigkeit einer Frau recht zum Bewußtsein brachte. Zu dem Ende wunderte sie sich gewaltig über den bisherigen Holz-, Zucker- und Kaffeeverbrauch des Herrn Vetters; fand seine Hemden etwas vergilbt, das Tischzeug nicht schön gewaschen, und der Schlußseufzer bei allem war stets: »Freilich, wo eben keine Frau ist!«

Der Pfarrer ließ hie und da ein Wörtchen fallen von einer gesetzten Pfarrtochter der Gegend, von der und jener jungen Witwe, von Jungfer Philippine selbst; da wußte aber die Frau Stadtschreiberin so gewichtige Einwürfe, so schlagende Gegengründe, daß er an keine mehr zu denken wagte. Endlich nach wochen- und mondenlangem Streben hatte sie's zum großen Ziel gebracht, daß der Herr Vetter sagte: »Ja, wenn Sie mir eine taugliche Person wüßten, Frau Base!« Nun war der Damm gebrochen: »Ja, denken Sie, Herr Vetter, ich wüßte jemand, der ganz für Sie geschaffen wäre.« – »Doch nicht zu jung?« – »Bewahre, was denken Sie! Ein recht gestandenes Frauenzimmer, eine Witfrau.« – »So? – nun – wissen Sie, Frau Base, aber – ich sehe zwar nicht aufs Äußerliche – aber so eine ältere Person hat oft schon allerlei an sich; ich sollte jemand haben, der mich aufheitert; auch eine Person, die noch sauber ist, wissen Sie, schon wegen der Gemeinde.« – »Ja, das wäre es gerade: eine so lebhafte Person, sie weiß von allem zu sprechen, und noch so gar wohl erhalten, weiß sich so nett zu kleiden; ich glaube, sie wird kaum etwas über *vierzig* sein.« Die Frau Stadtschreiberin beruhigte ihr Gewissen in der Stille mit dem Gedanken, daß nirgends bestimmt sei, wie viel »etwas« sei. »Und dann«, meinte der Herr Pfarrer, »werde ich doch allmählich älter (er war in den Sechzigern); da sollte sie mich auch in kranken Tagen wohl verpflegen können; es kann an den kräftigsten Mann etwas kommen.« – »Ach, das wäre da gerade die Hauptsache: ihr erster Mann ist zehn Jahre kontrakt gewesen und hatte die Kopfgicht.« – Kurz, die Frau Stadtschreiberin kam so in Eifer, daß Frau Pfarrer Senner sich am Ende zu einer Perle sonder Preis verklärte und der Pfarrer kaum erwarten konnte, bis er dieses Kleinod zu Gesicht bekam.

Nun war die gute Frau in ihrem Element; schon auf kommenden Montag versprach sie eine Zusammenkunft einzuleiten und zog glorios ab, indem sie den schnippischen Abschiedsknicks der Jungfer Philippine mit einem Blick voll triumphierenden Hohns erwiderte. Rüstig, als ginge sie selbst auf Freiers Füßen, wandelte die siebenundsechzigjährige Frau heim.

Viel flinker als das letzte Mal rüstete sie sich jetzt zur Reise in die Stadt, und der dunkle Kattun wurde dabei in die Welt eingeführt. Frau Rutscher war diesmal daheim, aber die Frau Stadtschreiberin hörte nur mit halbem Ohr auf den sonst so interessanten Bericht von ihrer Tochter Wochenbett und dem Gedeihen des Säuglings, obgleich die Heirat dieser Tochter auch eine ihrer wohltätigen Stiftungen gewesen war. Sie suchte so bald als möglich zur Frau Pfarrerin hinaufzukommen, die schon nach vier Wochen den sauren Zug zu ihrem Stiefsohn antreten wollte. Als die begleitende Frau Rutscher abgerufen worden war, konnte die Frau Stadtschreiberin endlich herausrücken mit ihrem Plane, obgleich sie in der Stille denken mußte, Frau Senner könnte ebensogut »etwas« über *fünfzig* sein. So ganz mit offenen Armen, wie sie erwartet, eilte ihr Schützling dem verheißenen Ehestandshimmel nicht entgegen. Wenn es eben ein zu alter Mann sei und kränklich, so wisse sie wirklich nicht ... Sie sei der Ruhe so bedürftig, leide so viel im Magen, daß sie selbst Pflege brauche; wenn sie wüßte, daß sie in große Unruhe käme und so weiter. – Bewahre! das ruhigste Leben von der Welt, ein ganz rüstiger Mann und ein schönes Vermögen! Da könne sie sich die besten Tage machen; jeden Winter werden acht Gänse gestopft, und eine so schöne Haushaltung! Kurz, der Frau Pfarrerin wässerte am Ende der Mund nach der geschilderten

Herrlichkeit, und sie versprach, sich am Montag einzufinden, obwohl sehr verschämt und verlegen. Die Frau Stadtschreiberin kaufte noch ein Viertelpfund Anisbrot auf diesen großen Tag und fuhr im Triumph nach Hause.

Der Montag kam. Salome und die Frau Stadtschreiberin waren eine Stunde früher als sonst aufgestanden, hatten frischen Kaffee geröstet, Gugelhopfen gebacken und die Stube schönstens geordnet. Um elf Uhr kam die Frau Pfarrerin, die auf dem Fuhrwerk eines Briefpostillons bis eine halbe Stunde vor dem Städtchen hatte fahren können, aufs sorgfältigste geputzt, im schwarzseidenen Kleide und der Haube mit himmelblauem Band. Von der großen Frage des Tages ward gar nichts gesprochen, dazu waren beide zu diplomatisch; sie verzehrten in Eintracht einen Kalbsbraten unter neutralen Gesprächen. Salome, die natürlich im Geheimnis war, musterte die Kandidatin scharf, schien aber nach ihren halblauten Selbstgesprächen in der Küche nicht sehr erbaut. »Hm, hm, da hat meine Frau nichts Besonderes herausgelesen: steinalt, und hat erst nichts; da hätt' ihn meine Frau fast selber nehmen können.«

Um zwei Uhr hielt die Kalesche des Herrn Pfarrers, für eine Pfarrkutsche noch ein ganz ansehnliches Möbel. Die Frau Stadtschreiberin stieß ihren Schützling bedeutsam an, und diese verspürte fast etwas wie Herzklopfen, obgleich ihr Herz ein wenig eingerostet war für derartige Bewegungen. Der Herr Pfarrer, der die Damen am Fenster bemerkt hatte, wollte sich ganz jugendlich aus dem Wagen schwingen, welcher Versuch aber ohne die Beihilfe seines alten Matthes, des Pfarrkutschers, fast schwer mißlungen wäre. Er war etwas steif auf den Beinen, sonst noch ein sauberer Mann, und hatte eine kurze Uhrkette mit einer Menge goldener Petschafte auf seiner schwarzseidenen Weste hängen.

Oben begrüßte er die Damen mit der zierlich steifen Galanterie seiner Jugend, war aber etwas betroffen beim

Anblick des alternden Weibes, das den ihm beschiedenen Engel vorstellen sollte, und flüsterte der Frau Stadtschreiberin bedenklich zu: »Aber hören Sie, mit den vierzig Jahren –«. – »Nun ja, vielleicht kann sie auch fünfzig sein,« meinte die Frau Base begütigend und ordnete ihren Kaffeetisch. Sehr belebt wurde die Unterhaltung nicht, da die Frau Pfarrerin, um ihren gänzlichen Zahnmangel nicht zu offenbaren, meist etwas undeutlich sprach und der Herr Pfarrer, um sein übles Gehör zu verbergen, nur mit »Ja, ja, o freilich« und dergleichen antwortete.

Nachdem die Frau Stadtschreiberin ihre ganze Unterhaltungskunst erschöpft, in verschiedenen gewandten Wendungen die Geschicklichkeiten der Frau Pfarrerin sowie die Vorzüge der Pfarrei Schniezingen ins Licht gestellt hatte, beschloß sie, als letztes probates Mittel, das Paar allein zu lassen. – Da ward die stille Unterhaltung noch stiller, bis aus purer Verlegenheit der Herr Pfarrer sich ans Fenster stellte mit der Bemerkung: »Eine recht freundliche Aussicht.« Die Frau Pfarrerin gesellte sich zu ihm und stimmte höflich bei, wodurch beide einen sehr bescheidenen Geschmack an den Tag legten, denn man sah in der engen Gasse nichts als die gegenüberliegende Schmiede mit einem struppigen, verwahrlosten Gärtlein. Die ungeduldige Frau Stadtschreiberin schaute nach einer Weile zur Tür herein, und als sie die beiden so schweigsam beisammen stehen sah, konnte sie nicht anders denken, als es sei nun auf dem Punkt der Erklärung, und um den glücklichen Augenblick zur Reife zu bringen, rief sie mit heller Stimme: »Aber, Herr Vetter, geben Sie doch Ihren Gefühlen auch Worte!« und verschwand wieder.

Das war eine harte Zumutung, und der Herr Vetter wäre gern in ein Mausloch geschlüpft, wenn's angegangen wäre, da seine Gefühle dermalen in nichts als in einer gewissen Unbehaglichkeit und in dem Wunsch bestanden: »Wenn ich nur mit heiler Haut draußen wäre!« Der Zuruf der Frau Base gab aber der Sache eine bedenkliche Wendung. Die Frau Pfarrerin schien es anders aufzunehmen, denn sie hob mit sittsam niedergeschlagenen Augen an: »Es hat mich wohl viel Überlegung gekostet – wenn man einen so rechtschaffenen Mann gehabt hat – aber meine Lage ist freilich sehr einsam.« Was wollte der gute Pfarrer machen? Er hatte noch zu viel ritterliche Gesinnung aus der guten alten Zeit, um unter solchen Umständen eine Dame im Stich zu lassen; so ergänzte er denn die halben Worte der Frau Pfarrerin, und als die Frau Stadtschreiberin wieder eintrat, stellte er ihr seine Frau Braut vor, deren Hand er zierlich an die Lippen führte.

Die Ehestifterin war überglücklich und konnte nicht müde werden, jedem der beiden zu Gemüt zu führen, wie vortrefflich sie gewählt haben. Ja sie holte eigenhändig ein paar Flaschen vom langgesparten köstlichen Elfer, den sie noch aus ihres Mannes Glanzzeiten besaß, um des Bräutigams Feuer zu beleben und um seinen Mut zu stählen für den kritischen Augenblick, wo er der Jungfer Philippine die Neuigkeit mitzuteilen hatte.

Die Frau Pfarrerin war eine äußerst glückliche Braut und dankte Gott für das gute Plätzchen, das er ihr für ihre alten Tage beschert hatte. Der Herr Bräutigam erlaubte sich während der Brauttage noch einmal die Bemerkung gegen die Frau Stadtschreiberin: »Frau Base, ich meine, sie müßte auch über fünfzig sein.« – »Nun, und was ist's denn, wenn sie auch fünfundfünfzig ist?« – So dachte am Ende der Herr Pfarrer selbst und wurde noch so zärtlich wie nur irgend ein getrösteter Witwer, welche Zärtlichkeit mich stets an zweimal aufgegossenen Tee mahnt, den man recht süß einschenkt, um das mangelnde Aroma des ersten Gusses zu ersetzen.

Die Hochzeit ward nicht lange verzögert; da sich aus dem Taufschein ergab, daß die Frau Braut bereits an den Sechzigen war, so hatte das Pärchen allerdings nicht viel Zeit zu verlieren. Jungfer Philippine zog mit stillbeleidigter Würde und allerlei dunkeln Prophezeiungen ab und die Frau Braut mit ihrem bescheidenen Hausrat ein. Die Pfarrkalesche wurde neu lackiert, und der Herr Pfarrer führte seine junge Frau darin zu allen Pfarrkränzen und sonstigen anständigen Gelegenheiten und sorgte auch stets dafür, sie mit modernem Putz zu versehen, wie er sich mit ihren Jahren vertrug.

Mit der Verpflegung wurde es nun freilich nicht viel; hatte der Mann einen Rheumatismus im Rücken, so hatte die Frau das Reißen in den Gliedern; klagte er über Ohrensausen, so klagte sie über Magenweh, so daß sich am Ende die Rolle umkehrte und der Pfarrer als rüstiger Greis einherschritt, während sie als zitternde Alte an seinem Arm hing. Das ließ er sie aber nicht entgelten, und er nahm ein armes, demütiges Bäschen ins Haus, das mit dankbarer Geduld sich den beiderseitigen Launen des alten Paares fügte.

So lebten sie neben all ihren Klagen über schlechten Magen und schlechte Zeiten in großer Eintracht zusammen, und es war der Mühe, die sich die Frau Stadtschreiberin gegeben, die Verbindung zustande zu bringen, immerhin noch wert gewesen. Sie feierten noch die silberne Hochzeit zusammen, und als der Pfarrer, gesättigt von langem Leben, in seinem neunundachtzigsten Jahre entschlief, drückte ihm das Mütterchen in gewisser Aussicht baldiger Nachfolge getrost die Augen zu.

V

Mit Vollgas in die letzte Runde

F. Scott Fitzgerald

Der seltsame Fall
des Benjamin Button

Noch bis 1860 war es richtig, zu Hause geboren zu werden. Aber neuerdings, habe ich mir sagen lassen, haben die hohen Götter der Medizin dekretiert, dass Babys ihre ersten Schreie in der anästhetischen Luft einer Klinik ausstoßen sollen, am besten in einer recht schicken. Der junge Roger Button und seine Frau waren ihrer Zeit also ungefähr fünfzig Jahre voraus, als sie an einem Sommertag des Jahres 1860 beschlossen, dass ihr erstes Kind im Krankenhaus geboren werden sollte. Ob dieser Anachronismus irgendeine Bedeutung für die erstaunliche Geschichte hatte, die ich jetzt niederschreiben will, wird man wohl nie erfahren.

Ich werde Ihnen erzählen, was vorgefallen ist, und überlasse Ihnen das Urteil.

Die Buttons nahmen sowohl gesellschaftlich als auch finanziell eine beneidenswerte Stellung im Vorkriegs-Baltimore ein. Sie waren mit *Dieser* und *Jener* Familie verwandt, und das machte sie, wie jeder Südstaatler weiß, zu Angehörigen der gewaltigen Adelsschicht, die den größten Teil der Konföderation ausmachte. Es war ihre erste Erfahrung mit der charmanten Sitte des Kinderkriegens, und Mr Button war dementsprechend nervös. Er hoffte, es würde ein Junge werden, damit er ihn auf das Yale College in Connecticut schicken konnte, wo Mr Button selbst vier Jahre lang unter dem vielleicht allzu naheliegenden Spitznamen »Cuff« bekannt gewesen war.

An dem Septembermorgen, der für das große Ereignis vorgesehen war, stand er nervös um sechs Uhr auf, zog sich an, rückte seine makellose Halsbinde zurecht und eilte durch die Straßen von Baltimore zur Klinik, um festzustellen, ob die Dunkelheit der Nacht in ihrem Schoß neues Leben gebracht hatte.

Als er noch etwa hundert Meter vom Maryland Private Hospital for Ladies and Gentlemen entfernt war, sah er Doktor Keene, den Hausarzt der Familie, die Treppe herunterkommen, der sich die Hände rieb, als ob er sie waschen wollte – ganz wie die ungeschriebene Berufsethik es Ärzten empfiehlt.

Mr Roger Button, der Präsident der Eisenwarengroßhandlung Roger Button & Co., begann mit weitaus weniger Würde auf Doktor Keene zuzulaufen, als in jener malerischen Epoche erwartet wurde von einem Gentleman aus den Südstaaten. »Doktor Keene!«, rief er. »Ach, Doktor Keene!«

Der Arzt hörte ihn, drehte sich um und blieb abwartend stehen. Als Mr Button näher kam, erschien eine seltsame, strenge Falte auf seiner Medizinerstirn.

»Was ist passiert?«, fragte Mr Button, als er keuchend herankam. »Was war es? Wie geht's ihr? Ein Junge? Wer ist es? Was –«

»Bitte fassen Sie sich!«, sagte Doktor Keene scharf. Er schien etwas irritiert.

»Ist das Kind geboren?«, bettelte Mr Button.

Doktor Keene runzelte die Stirn. »Nun ja, ich denke schon – gewissermaßen.« Wieder warf er Mr Button diesen seltsamen Blick zu.

»Geht es meiner Frau gut?«

»Ja.«

»Ist es ein Junge oder ein Mädchen?«

»Jetzt reicht's!«, rief Doktor Keene in rasendem Ärger. »Ich muss Sie schon bitten, selbst nachzusehen. Unglaublich!« Das letzte Wort stieß er in einer einzigen Silbe heraus, dann wandte er sich ab und murmelte: »Glauben Sie etwa, so ein

Fall wird meiner beruflichen Reputation guttun? Noch so einer, und ich bin ruiniert – jeder wäre von so etwas ruiniert«

»Was ist denn los?«, fragte Mr Button entsetzt. »Drillinge?«

»Nein, keine Drillinge!«, sagte der Doktor schneidend. »Im Übrigen können Sie ja selbst nachsehen. Und suchen Sie sich einen anderen Arzt. Ich habe geholfen, Sie auf die Welt zu bringen, junger Mann, und bin jetzt seit vierzig Jahren der Hausarzt Ihrer Familie. Aber jetzt bin ich fertig mit Ihnen! Weder Sie noch irgendwelche Verwandten von Ihnen möchte ich je wieder sehen! Guten Tag!«

Damit wandte er sich endgültig ab, bestieg ohne weiteres Wort seinen Phaeton, der am Straßenrand wartete, und fuhr mit strenger Miene davon.

Mr Button blieb verdutzt auf dem Bürgersteig stehen, von Kopf bis Fuß zitternd. Was für ein schreckliches Missgeschick war geschehen? Er hatte plötzlich jedes Bedürfnis verloren, das Maryland Private Hospital for Ladies and Gentlemen zu betreten, und nur mit äußerster Anstrengung zwang er sich einen Augenblick später, die Stufen hinaufzusteigen und durch die Tür zu gehen.

Eine Schwester saß am Empfang in der dämmrigen Halle. Mr Button schluckte seine Scham herunter und trat an die Theke.

»Guten Morgen«, sagte sie und sah ihn freundlich an.

»Guten Morgen. Ich – ich bin Mr Button.«

Daraufhin breitete sich heilloser Schrecken auf dem Gesicht der jungen Frau aus. Sie sprang auf und schien aus der Halle flüchten zu wollen. Nur mit offensichtlicher Anstrengung konnte sie sich zurückhalten.

»Ich will mein Kind sehen«, sagte Mr Button.

Die Schwester stieß einen kleinen Schrei aus. »Oh – ja, natürlich!«, schrie sie hysterisch. »Oben. Die Treppe hoch. Gehen Sie nach – *oben*!«

Sie zeigte ihm die Richtung, und der in kalten Schweiß

gebadete Mr Button drehte sich zögernd um und kletterte ins zweite Stockwerk hinauf. Auf dem oberen Korridor stieß er auf eine weitere Schwester, die eine Schüssel in den Händen hielt. »Ich bin Mr Button«, würgte er mühsam heraus. »Ich möchte mein – «

Peng! klirrte die Schüssel zu Boden und rollte in Richtung der Treppe. *Peng! Peng!* fiel sie Stufe für Stufe hinunter, als ob sie den allgemeinen Schrecken teilte, den dieser Gentleman verbreitete.

»Ich will mein Kind sehen!« Mr Button kreischte jetzt beinahe. Er stand am Rande eines Zusammenbruchs.

Peng! Die Waschschüssel hatte das untere Stockwerk erreicht. Die Schwester fasste sich und warf Mr Button einen Blick voll herzlicher Verachtung zu.

»Na *schön*, Mr Button«, flüsterte sie. »Wie Sie wollen! Aber wenn Sie *wüssten*, was uns diese Sache heute früh schon für Ärger gemacht hat! Es ist ganz unerhört! Das Krankenhaus wird jeglichen Ruf verlieren nach – «

»Machen Sie schon!«, rief er heiser. »Ich ertrage das nicht mehr!«

»Dann kommen Sie, Mr Button.«

Er schleppte sich hinter ihr her. Am Ende des langen Korridors erreichten sie einen Raum, aus dem ein vielfältiges Geheul ertönte – einen Raum, der heutzutage wohl tatsächlich der »Schreisaal« genannt würde. Sie traten ein. Ringsum an den Wänden stand ein Dutzend weiß lackierte Bettchen, von denen jedes ein Schild am Kopfende trug.

»Und?«, keuchte Mr Button. »Welches ist meins?«

»Da!«, sagte die Schwester.

Mr Buttons Blick folgte dem ausgestreckten Zeigefinger, und was er sah, war dies: Eingewickelt in eine gewaltige weiße Decke und zum Teil in eins der Bettchen geklemmt, saß da ein alter Mann von ungefähr siebzig Jahren. Sein spärliches Haar war nahezu weiß und an seinem Kinn hing ein langer, rauchfarbener Bart, der auf absurde Weise im Luftzug wehte, der durch das Fenster hereinkam. Er sah Mr Button mit trüben, verblassten Augen an, in denen eine verwirrte Frage stand.

»Bin ich verrückt?«, donnerte Mr Button, dessen Schrecken sich in Wut auflöste. »Ist das irgendein grässlicher Klinikwitz?«

»Wir finden es überhaupt nicht komisch«, sagte die Schwester streng. »Und ob Sie verrückt sind oder nicht, kann ich nicht beurteilen – aber jedenfalls ist das Ihr Kind.«

Der kalte Schweiß auf Mr Buttons Stirn verdoppelte sich. Er schloss die Augen, öffnete sie wieder und schaute noch mal hin. Es ließ sich nicht leugnen – er starrte einen Mann von siebzig Jahren an, nein, ein *Baby* von siebzig Jahren, dessen Beine aus der Krippe herausragten, in der es lag.

Der alte Mann blickte eine Weile friedlich vom einen zum anderen und öffnete plötzlich den Mund. »Bist du mein Vater?«, fragte er mit brüchiger, alter Stimme.

Mr Button und die Schwester zuckten heftig zusammen.

»Denn wenn du mein Vater bist«, quengelte der alte Mann, »dann hol mich jetzt bitte hier raus. Oder sag ihnen wenigstens, dass sie mir einen gemütlichen Schaukelstuhl hinstellen sollen.«

»Wo in Gottes Namen kommen Sie her?«, brach es aus Mr Button heraus. »Und wer sind Sie?«

»Wer ich *genau* bin, kann ich dir nicht sagen«, erwiderte das mürrische Quengeln. »Ich bin ja gerade erst vor ein paar Stunden geboren worden – aber mein Nachname ist jedenfalls Button.«

»Sie lügen! Sie sind ein Hochstapler!«

Der alte Mann wandte sich erschöpft an die Schwester: »Nette Art, ein neugeborenes Kind zu begrüßen«, beschwerte er sich mit schwacher Stimme. »Sagen Sie ihm, dass er sich irrt, ja?«

»Sie irren sich, Mr Button«, sagte die Schwester streng. »Das ist Ihr Kind, und Sie sollten das Beste daraus machen. Wir müssen Sie jedenfalls bitten, ihn so bald wie möglich mit nach Hause zu nehmen – und zwar noch heute.«

»Nach Hause?«, sagte Mr Button ungläubig.

»Ja, wir können ihn nicht hierbehalten. Das geht wirklich nicht, wissen Sie?«

»Darüber kann ich nur froh sein«, jammerte der alte Mann. »Für einen jungen Menschen, der seine Ruhe haben will, ist das kein schöner Ort. Bei diesem ganzen Geheul und Geschrei hab ich kein Auge zugetan. Und als ich was zu essen wollte« – an dieser Stelle wurde seine Stimme zum schrillen Protest – »da haben sie mir ein Fläschchen Milch gebracht!«

Mr Button sank auf einen Stuhl in der Nähe seines Sohnes und verbarg sein Gesicht in den Händen. »Um Himmels willen!«, murmelte er in einem Taumel des Schreckens. »Was werden die Leute bloß sagen? Was soll ich bloß machen?«

»Sie sollen ihn mit nach Hause nehmen«, sagte die Schwester. »Und zwar sofort.«

Mit fürchterlicher Klarheit sah der gequälte Mann ein groteskes Bild vor sich: Er würde durch die Straßen der Stadt gehen müssen, mit dieser abscheulichen Erscheinung an seiner Seite. »Ich kann nicht, ich kann nicht«, stöhnte er.

Die Leute würden stehen bleiben, um mit ihm zu reden, und was sollte er sagen? Er würde diesen – diesen Greis vorstellen müssen: »Das ist mein Sohn, er wurde heute früh geboren.« Und dann würde der alte Mann sich wieder in seine Decke wickeln, sie würden sich weiterschleppen, an den betriebsamen Kaufhäusern vorbei, am Sklavenmarkt – einen dunklen Augenblick lang wünschte Mr Button sich leidenschaftlich, dass sein Sohn schwarz wäre – an den luxuriösen Häusern des Villenviertels vorbei, und am Altersheim ...

»Kommen Sie! Reißen Sie sich zusammen!«, kommandierte die Schwester.

»Hör mal«, sagte der alte Mann plötzlich, »wenn du denkst, ich würde in dieser Decke nach Hause marschieren, hast du dich sehr geirrt.«

»Babys haben immer Decken.«

Mit einem boshaften Lachen hielt der alte Mann einen kleinen weißen Strampelanzug hoch. »Schau nur!«, sagte er mit zitternder Stimme. »*Das* haben sie mir anziehen wollen.«

»Die tragen alle Babys«, sagte die Schwester steif.

»Nun«, sagte der alte Mann. »Dieses Baby hier wird in zwei Minuten gar nichts mehr tragen. Die Decke juckt. Sie hätten mir wenigstens ein Bettlaken geben können.«

»Behalt sie an! Behalt sie an!«, rief Mr Button hastig. Er drehte sich zur Schwester um. »Was soll ich bloß machen?«

»Gehen Sie in die Stadt und kaufen Sie Ihrem Sohn etwas zum Anziehen.«

Die Stimme seines Sohnes folgte Mr Button bis auf den Korridor hinaus: »Und einen Stock, Vater. Ich brauche einen Spazierstock!«

Heftig warf Mr Button die Eingangstür zu …

Günter Kunert

DER ALTE MANN

Der alte Mann
studiert die Todesanzeigen
mit Befriedigung:
Generaldirektor Sowieso
verstarb im sechzigsten Lebensjahr.
Da fühlt man sich gleich besser
und gesünder und fast
glücklich. Wie im Krieg, wo
die Granaten links und rechts
einschlugen. Es trifft
immer die anderen. Gott sei Dank,
daß ich kein anderer bin.

Robert Gernhardt

Ein Malermärchen

Es war einmal ein alter Maler, der merkte, daß es dem Ende zuging. Da versammelte er seine Familie und seine Freunde um sich, auf daß es ihm leichter falle zu scheiden. Doch je länger er sein Leben und Werk bedachte, desto sinnloser erschien ihm ersteres und desto wertloser letzteres, und schließlich ergriff ihn eine solche Trauer, daß er seine Erkenntnis nicht länger für sich behalten konnte.

»Nichts ist mir gelungen, nichts«, hub er an.

»Ach, was er wieder redet«, entgegnete darauf seine Gattin unter dem Kopfnicken der anderen. »Alles ist dir gelungen, alles!«

»Nein, nichts«, wiederholte der Maler düster. »Nicht einmal einen einfachen Eierbecher habe ich zu malen vermocht, nicht einmal den!«

»Nun hört euch das an!« rief sein ältester Freund entgeistert. »Dir sollte kein Eierbecher gelungen sein, ausgerechnet dir, dessen ›Stilleben mit Eierbecher‹ heute der Stolz der Staatsgalerie ist?!«

»Nun, der war in der Tat nicht ganz daneben, dieser Eierbecher«, räumte der Maler ein, »der war sogar ganz gut, da ich ihn mit heller Grüner Erde untermalt und dann ganz leicht mit Titanweiß, Ocker und etwas Königsblau dunkel gehöht hatte – aber ach, was bedeutet das schon? Fünfzig Jahre gemalt – und was bleibt? Ein Eierbecher! Als Eierbecher-Maler werde ich weiterleben, und die, die mich so nennen, werden tausendfach recht haben, habe ich es doch nicht einmal geschafft, einen einzigen Ast im Gegenlicht zu gestalten.«

»Ja, ist denn das zum Anhören!« stöhnte da der Sohn des

Malers voller Schmerz auf. »Wie kannst du nur so etwas behaupten, du, dessen ›Baumgruppe im Gegenlicht‹ der unbestrittene Mittelpunkt aller Gegenlichtausstellungen war und ist?«

»Ach ja, die Baumgruppe«, erinnerte sich der Maler. »Doch, die hatte was. Aber da hatte ich auch einen Abendhimmel unterlegt, auf dem es sich fast von selbst malte, mit dem spitzesten Pinsel gab ich das Blattwerk, Krapplack und Casslerbraun gemischt, erst dann setzte ich die Lichter mit fast unvermischtem Neapelgelb hell und einer Spur Laubgrün. Aber sonst? Mißraten, alles mißraten! Mißraten selbst die einfachsten Sujets, mißraten sogar der Versuch, einen Krug im Eck zu malen!«

»Der und mißraten?!« heulte da der Neffe auf. »Dein ›Krug im Eck‹, welcher heute in keinem Werk fehlt, welches auch nur den geringsten Bezug hat zum Thema Krug, Eck oder Innenräume überhaupt? Hörte man denn je eine unsinnigere Rede?«

»Ach der!« sagte der Maler versöhnlich. »Ja, dieser Krug war nicht übel. Alles in kalten Farben gehalten, und nur etwas warme Terra Pozzuoli in den helleren Partien des Kruges – doch, doch, das funktionierte. Aber was ist das alles schon? Gegen irgendeinen Velazquez beispielsweise?! Habe ich jemals ›Las Meninas‹ gemalt? Oder ›Die Übergabe von Breda‹? Oder auch nur einen ›Philipp der Vierte‹?«

Die um sein Bett Versammelten schwiegen betroffen. Dann endlich räusperte sich ein ergrauter Vetter und begann: »Nun ja, einen ›Philipp der Vierte‹ hast du freilich nicht –« doch er kam nicht dazu, den Satz zu Ende zu führen, denn auf einmal saß der Maler senkrecht im Bett und schrie: »Das weiß ich selber, daß ich keinen ›Philipp der Vierte‹ gemalt habe! Darüber brauchst du mich nicht zu belehren! Wie hätte ich den denn auch malen sollen? Ist doch schon längst über den Jordan, der Herr! Und hört endlich damit auf, mir dauernd den Velazquez vorzuhalten! Velazquez, Velazquez, Velazquez! Was hat denn der schon groß gemalt? ›Philipp der Vierte‹, ›Die Übergabe von Breda‹, ›Las Meninas‹ – so doll ist diese ganze spanische Mischpoke ja nun auch wieder nicht! Und wenn er die nicht vor dem Pinsel hatte, dann war er ganz schön verratzt, euer Velazquez. Oder gibt es von ihm einen ›Krug im Eck‹, eine ›Baumgruppe im Gegenlicht‹ oder auch nur ein ›Stilleben mit Eierbecher‹? Ha! Da könnt ihr lange suchen! Gibt's im Velazquez-Œuvre nämlich nicht, ihr Caballero-Anbeter! Gibt es allerdings im selbst seiner Familie offensichtlich weitgehend unbekannten Œuvre eines anderen Malers – sein Name tut nichts zur Sache –, doch warum euch mit bescheidenen, wenn auch gut gemalten Sujets langweilen, da ihr offensichtlich nur Augen habt für die vordergründige Pracht pseudo-opulenter Hofmalereien?!«

Mit diesen Worten aber schlug der Maler die Bettdecke zurück, sprang aus dem Bett und rief, indes er wütend auf den Boden stampfte: »Hinaus! Alle hinaus! Geht doch zu eurem Velazquez, geht nur, aber habt wenigstens so viel Anstand im hispanophilen Leib, einen Sterbenden, der nebenbei bemerkt ebenfalls Maler ist, wenigstens in seiner letzten Stunde mit eurer Velazquez-Anbetung zu verschonen. Hinaus!«

Erschreckt wichen Freunde und Familie, der Maler aber, da er ohnedies aufgestanden war, schaute in der Küche nach etwas Trinkbarem und begann, da er auf dem Rückweg zufällig an seiner Staffelei vorbeikam, rasch noch einen etwas verrutschten Reflex zu korrigieren, welcher ihn auf seinem letzten Bild ›Zwei Schälchen‹ schon immer gestört hatte. Nach einer Stunde war er derart gut in Fahrt, daß er gleich noch ein neues Bild begann, und so malte und malte er, und da er sicher nicht gestorben ist, weil Malen und Sterben einander ausschließen – entweder das eine oder das andere –, malt er wohl noch heute.

Helke Sander

Der 95. Geburtstag und die Stadtverwaltung

Vierzehn Tage bevor Frau S. fünfundneunzig Jahre alt wurde, rief die Sekretärin aus dem Bürgermeisteramt an und gab den Termin für den offiziellen Geburtstagsbesuch, vormittags um elf Uhr, durch. Frau S. zeigte sich darüber nicht entzückt. Seit dem Tod ihres Mannes vor etwa dreißig Jahren ließ sie sich nicht mehr herumkommandieren und andere über ihre Zeit verfügen.

In ihrem ersten Ärger sagte sie, dass es für den Bürgermeister doch nur ein Pflichttermin sei und sie ihn auch nicht kenne, weil er schon zum Neunzigsten schließlich seine Stellvertreterin geschickt habe und er ihretwegen auch zu Hause bleiben könne. Die Sekretärin antwortete, dass es ja kein Bürgermeister, sondern inzwischen eine Bürgermeisterin sei, und die würde solche Besuche gerne machen.

»Und warum sprechen Sie dann vom Bürgermeister in der männlichen Form? Sind wir da nicht inzwischen weiter? Ich freue mich aber, wenn es eine Frau auf den Posten geschafft hat.«

Sie kam dann noch einmal auf den neunzigsten Geburtstag zurück und erklärte ausführlich, dass sie damals schon bei der Terminabsprache gesagt habe, dass sie keine Blumen wolle. Sie würde sowieso sehr viele Blumen bekommen, habe nur eine kleine Wohnung und nicht so viele Vasen. Wenn man ihr unbedingt etwas mitbringen wolle, würde sie sich über eine Flasche Wein freuen, besonders über einen Grauburgunder. Die Stellvertreterin hatte dann aber einen Teller mit einem Motiv des Kurortes dabei, in dem Frau S. wohnte.

Sie hatte diesen Teller damals sofort ziemlich geschickt fallen lassen, sich bei der Besucherin wegen ihres Alters und ihrer Unaufmerksamkeit entschuldigt und ihr Grinsen unterdrückt. Gott sei Dank war der Teller kaputt gewesen, und die Scherben waren sogar weitgehend in der kunstvoll mit Schleifen umwickelten durchsichtigen Hülle geblieben, die von der Besucherin aufgesammelt und in den Müll geschmissen wurde.

Jetzt sagte Frau S. mehr aus Trotz als der Wahrheit entsprechend zur Sekretärin, sie sei an ihrem Fünfundneunzigsten gar nicht da und hätte es geschätzt, wenn man sie wenigstens vorher gefragt hätte, welcher Termin ihr denn für den Besuch angenehm wäre. Sie erwähnte noch einmal den schrecklichen Teller und erzählte der völlig verstummten Frau am anderen Ende der Leitung von ihren beiden gleichaltrigen Freundinnen, die sie noch aus der Volksschule kannte, die eine jetzt in Baden-Baden, die andere in Konstanz wohnend, die zu ihren neunzigsten Geburtstagen von der Stadt immerhin einen netten Picknickkorb, mit dem man was anfangen könne, bekommen hätten und nicht einen geschmacklosen Teller. Sie würde laufend ihr altes schönes Geschirr verschenken, weil sie nicht mehr so viel brauche und finde, dass so ein Bürgermeister, wenn er sie schon besuchen wolle, sich wenigstens ein paar Gedanken vorher darüber machen solle, worüber sich eine alte Frau freuen würde. Mit Sicherheit nicht über neues Geschirr.

Sie bot dann einen Termin (ohne Teller, ohne Blumen) für den Besuch eine Woche nach dem Geburtstag an und ließ die Sekretärin noch wissen, dass sie es war, die vor einem Jahr dafür gesorgt hatte, dass der Kurpark wieder neue Bänke bekommen hatte, der Eingang zum Kurpark ein neues Geländer, an dem sich die vielen Alten und am Stock Gehenden auf dem leicht abschüssigen Weg festhalten konnten, und ihr Lebenswerk sei, wie sie stolz berichtete, dass endlich die Treppe zum Stadttheater, die vom Fahrdamm direkt zum Foyereingang geführt hatte, abgerissen und durch eine neue Treppe ersetzt worden war. Dieser Umbau erlaube den vielen Gebrechlichen in der Stadt endlich, mit ihren Rollstühlen, Rollatoren und Stöcken auf dem Bürgersteig zu bleiben, ohne an dieser Stelle auf das Kopfsteinpflaster der Straße ausweichen zu müssen. Da habe sich so mancher die Hüfte gebrochen – auch sie vor drei Jahren. Und das in einer Stadt, die von Kur- und Rehakliniken lebt! Ob man etwa durch den Abbau vieler Hilfsmittel für ausreichend Patienten sorgen wolle?

»Sie waren das?«, sagte die Sekretärin und fügte noch gewissermaßen privat hinzu: »Da haben Sie aber die Leute wirklich auf Trab gebracht. Das hat vor Ihnen noch niemand geschafft.«

Frau S. fühlte sich geschmeichelt, und die Sekretärin war ihr auch gleich viel sympathischer.

Sie wollte aber jetzt nicht geschwätzig werden und ihr auch noch erzählen, wie viel Mut diese ganze Aktion beansprucht hatte. Nachdem sie selber auf einen Rollator nach der Operation angewiesen war, ein Gerät, das sie sich nie für sich selber hatte vorstellen können, hatte sie sich eines Tages hingesetzt und ein 7-Punkte-Programm geschrieben, mit dem sie den damaligen Bürgermeister konfrontieren wollte. Es enthielt verschiedene Verbesserungen, die die Stadt für die alten und behinderten Leute durchführen sollte. Sie hatte das handgeschriebene Schriftstück im Schreibwarenladen fotokopieren lassen und sich ohne Voranmeldung auf den Weg zum Rathaus gemacht. Auch da gab es eine Treppe, die sie zwar mühselig hinaufgekommen wäre, aber sie hatte ihren Rollator nicht unbewacht unten stehen lassen wollen. Ihrer Nachbarin war gerade einer geklaut worden. Sie hatte einen Polizisten gerufen, der im Erdgeschoss desselben Gebäudes aus dem Fenster guckte, und der war dann leicht genervt herausgekommen und hatte sie nicht gerade höflich gefragt, was sie denn von wem wolle. Zunächst mal wolle sie, dass die Polizei ihren Rollator im Auge behalte, und dann wolle sie zum Bürgermeister. Das würde ihn ja eigentlich nichts angehen, sie könne aber auch ihm gerne erzählen, was sie vorhabe.

Der Polizist hatte sie vielleicht ein bisschen einschüchtern wollen, vielleicht war er aber auch nur neugierig; es war gerade nicht viel los, und so hatte er sie in die Wache zu den anderen Kollegen gebeten, und ihr einen Stuhl angeboten.

»Na, dann erzählen Sie mal.«

Frau S. hatte das gerne getan. Ihr 7-Punkte-Programm konnten gar nicht genug Leute hören. Sie hatte ihren Zettel hervorgeholt und ihre Änderungswünsche vorgelesen, sich aber gleich unterbrochen und noch mal von vorne angefangen, als zwei Polizisten dazukamen: Veränderung der Treppe am Theater, Erneuerung des Geländers am Kurparkeingang und fünf zusätzliche Bänke an präzise genannten Stellen.

Die Polizisten hatten zunehmend ihre Freude an den Ausführungen gehabt, sie hatten gelacht und gesagt, das sei eine wunderbare Aktion, und ihr gutes Gelingen gewünscht. Der Fahrstuhl wäre gerade kaputt, sie würden sie in den ersten Stock zum Bürgermeister tragen und auch wieder abholen.

Die Sekretärin war damals ziemlich fassungslos, dass jemand ohne Termin einfach so hereingeschneit kam, hatte was von »da kann ja jeder kommen« gemurmelt und Frau S. wissen lassen, dass der Bürgermeister in einer Besprechung sei und unmittelbar darauf den nächsten Termin habe.

Und da hatte Frau S. den Satz gesagt, der ihr aus einer Fernsehserie hängen geblieben war und nur auf seinen Abruf gewartet zu haben schien. Sie hatte ganz souverän und etwas schnippisch und sich zum Gehen wendend gesagt:

»Nun ja, es gibt ja auch noch die Presse!«

Das war der Moment, in dem die Sekretärin gemerkt hatte, dass sie fast einen großen Fehler gemacht hätte. Sie hatte

Frau S. zurückgerufen und höflich gebeten, ihr doch das Anliegen zu erklären.

Das hatte Frau S. auch getan, ohnehin redete sie lieber mit der Sekretärin. Sie hatte ihr den Zettel übergeben und um einen Anruf bei der Polizei gebeten, damit sie ihr wieder die Treppe herunterhelfe.

Eigentlich hatte sie diese Hilfe nicht gebraucht, aber sie hatte den Polizisten ihr Erlebnis erzählen wollen, die hatten sie vorher ja darum gebeten. Sie hatte dann noch gesagt: In vierzehn Tagen wolle sie eine Antwort haben, so ganz ohne Drohung wollte sie das Sekretariat nicht verlassen.

Die Sekretärin hatte dann ihre Sache wirklich gut gemacht.

Drei Punkte des 7-Punkte-Programms wurden tatsächlich innerhalb einer Woche umgesetzt. Nun saß Frau S. gerne auf den Bänken im Park und erzählte den Kurgästen stolz, wem sie diese Sitzgelegenheit zu verdanken hatten.

Die neue Bürgermeisterin hatte von Frau S. auch schon gehört – »Warte nur, bis Frau S. kommt« hieß es, wenn was nicht schnell genug ging –, sie aber nicht mit dem Geburtstagsbesuch in Verbindung gebracht. Jetzt wusste sie Bescheid. Frau S. war stolz auf sich, weil sie für den Besuch den ihr passenden Termin durchgesetzt hatte. Sie saß vergnügt auf ihrer Bank im Park und nahm kopfschüttelnd zur Kenntnis, dass Gartenarbeiter am Rand der relativ breiten Kurparkwege in regelmäßigen Abständen kleine Steinpfeiler in den Boden rammten, auf denen ein Symbol zu sehen war, das den Weg für rollstuhltauglich erklärte.

Die Rollstuhlfahrer wären aber gar nicht bis dahin gekommen, wo Frau S. saß, wären die Wege nicht schon an den Eingängen breit genug gewesen.

Bertolt Brecht

Die unwürdige Greisin

Meine Großmutter war zweiundsiebzig Jahre alt, als mein Großvater starb. Er hatte eine kleine Lithographenanstalt in einem badischen Städtchen und arbeitete darin mit zwei, drei Gehilfen bis zu seinem Tod. Meine Großmutter besorgte ohne Magd den Haushalt, betreute das alte, wacklige Haus und kochte für die Mannsleute und Kinder.

Sie war eine kleine magere Frau mit lebhaften Eidechsenaugen, aber langsamer Sprechweise. Mit recht kärglichen Mitteln hatte sie fünf Kinder großgezogen – von den sieben, die sie geboren hatte. Davon war sie mit den Jahren kleiner geworden.

Von den Kindern gingen die zwei Mädchen nach Amerika, und zwei der Söhne zogen ebenfalls weg. Nur der Jüngste, der eine schwache Gesundheit hatte, blieb im Städtchen. Er wurde Buchdrucker und legte sich eine viel zu große Familie zu.

So war sie allein im Haus, als mein Großvater gestorben war.

Die Kinder schrieben sich Briefe über das Problem, was mit ihr zu geschehen hätte. Einer konnte ihr bei sich ein Heim anbieten, und der Buchdrucker wollte mit den Seinen zu ihr ins Haus ziehen. Aber die Greisin verhielt sich abweisend zu den Vorschlägen und wollte nur von jedem ihrer Kinder, das dazu imstande war, eine kleine geldliche Unterstützung annehmen. Die Lithographenanstalt, längst veraltet, brachte fast nichts beim Verkauf, und es waren auch Schulden da.

Die Kinder schrieben ihr, sie könne doch nicht ganz allein leben, aber als sie darauf überhaupt nicht einging, gaben sie nach und schickten ihr monatlich ein bißchen Geld. Schließlich, dachten sie, war ja der Buchdrucker im Städtchen geblieben.

Der Buchdrucker übernahm es auch, seinen Geschwistern mitunter über die Mutter zu berichten. Seine Briefe an meinen Vater und was dieser bei einem Besuch und nach dem Begräbnis meiner Großmutter zwei Jahre später erfuhr, geben mir ein Bild von dem, was in diesen zwei Jahren geschah.

Es scheint, daß der Buchdrucker von Anfang an enttäuscht war, daß meine Großmutter sich weigerte, ihn in das ziemlich große und nun leerstehende Haus aufzunehmen. Er wohnte mit vier Kindern in drei Zimmern. Aber die Greisin hielt überhaupt nur eine sehr lose Verbindung mit ihm aufrecht. Sie lud die Kinder jeden Sonntagnachmittag zum Kaffee, das war eigentlich alles.

Sie besuchte ihren Sohn ein- oder zweimal in einem Vierteljahr und half der Schwiegertochter beim Beereneinkochen. Die junge Frau entnahm einigen ihrer Äußerungen, daß es ihr in der kleinen Wohnung des Buchdruckers zu eng war. Dieser konnte sich nicht enthalten, in seinem Bericht darüber ein Ausrufezeichen anzubringen.

Auf eine schriftliche Anfrage meines Vaters, was die alte Frau denn jetzt so mache, antwortete er ziemlich kurz, sie besuche das Kino.

Man muß verstehen, daß das nichts Gewöhnliches war, jedenfalls nicht in den Augen ihrer Kinder. Das Kino war vor dreißig Jahren noch nicht, was es heute ist. Es handelte sich um elende, schlecht gelüftete Lokale, oft in alten Kegelbahnen eingerichtet, mit schreienden Plakaten vor dem Eingang, auf denen Morde und Tragödien der Leidenschaft angezeigt waren. Eigentlich gingen nur Halbwüchsige hin oder, des Dunkels wegen, Liebespaare. Eine einzelne alte Frau mußte dort sicher auffallen.

Und so war noch eine andere Seite dieses Kinobesuches

zu bedenken. Der Eintritt war gewiß billig, da aber das Vergnügen ungefähr unter den Schleckereien rangierte, bedeutete es »hinausgeworfenes Geld«. Und Geld hinauszuwerfen, war nicht respektabel.

Dazu kam, daß meine Großmutter nicht nur mit ihrem Sohn am Ort keinen regelmäßigen Verkehr pflegte, sondern auch sonst niemanden von ihren Bekannten besuchte oder einlud. Sie ging niemals zu den Kaffeegesellschaften des Städtchens. Dafür besuchte sie häufig die Werkstatt eines Flickschusters in einem armen und sogar etwas verrufenen Gäßchen, in der, besonders nachmittags, allerlei nicht besonders respektable Existenzen herumsaßen, stellungslose Kellnerinnen und Handwerksburschen. Der Flickschuster war ein Mann in mittleren Jahren, der in der ganzen Welt herumgekommen war, ohne es zu etwas gebracht zu haben. Es hieß auch, daß er trank. Er war jedenfalls kein Verkehr für meine Großmutter.

Der Buchdrucker deutete in einem Brief an, daß er seine Mutter darauf hingewiesen, aber einen recht kühlen Bescheid bekommen habe. »Er hat etwas gesehen«, war ihre Antwort, und das Gespräch war damit zu Ende. Es war nicht leicht, mit meiner Großmutter über Dinge zu reden, die sie nicht bereden wollte.

Etwa ein halbes Jahr nach dem Tod des Großvaters schrieb der Buchdrucker meinem Vater, daß die Mutter jetzt jeden zweiten Tag im Gasthof esse.

Was für eine Nachricht! Großmutter, die zeit ihres Lebens für ein Dutzend Menschen gekocht und immer nur die Reste aufgegessen hatte, aß jetzt im Gasthof! Was war in sie gefahren?

Bald darauf führte meinen Vater eine Geschäftsreise in die Nähe, und er besuchte seine Mutter.

Er traf sie im Begriffe, auszugehen. Sie nahm den Hut wieder ab und setzte ihm ein Glas Rotwein mit Zwieback vor. Sie schien ganz ausgeglichener Stimmung zu sein, weder besonders aufgekratzt noch besonders schweigsam. Sie erkundigte sich nach uns, allerdings nicht sehr eingehend, und wollte hauptsächlich wissen, ob es für die Kinder auch Kirschen gäbe. Da war sie ganz wie immer. Die Stube war natürlich peinlich sauber, und sie sah gesund aus.

Das einzige, was auf ihr neues Leben hindeutete, war, daß sie nicht mit meinem Vater auf den Gottesacker gehen wollte, das Grab ihres Mannes zu besuchen. »Du kannst allein hingehen«, sagte sie beiläufig, »es ist das dritte von links in der elften Reihe. Ich muß noch wohin.«

Der Buchdrucker erklärte nachher, daß sie wahrscheinlich zu ihrem Flickschuster mußte. Er klagte sehr.

»Ich sitze hier in diesen Löchern mit den Meinen und habe nur noch fünf Stunden Arbeit und schlecht bezahlte, dazu macht mir mein Asthma wieder zu schaffen, und das Haus in der Hauptstraße steht leer.«

Mein Vater hatte im Gasthof ein Zimmer genommen, aber erwartet, daß er zum Wohnen doch von seiner Mutter eingeladen werden würde, wenigstens pro forma, aber sie sprach nicht davon. Und sogar als das Haus voll gewesen war, hatte sie immer etwas dagegen gehabt, daß er nicht bei ihnen wohnte und dazu das Geld für das Hotel ausgab!

Aber sie schien mit ihrem Familienleben abgeschlossen zu haben und neue Wege zu gehen, jetzt, wo ihr Leben sich neigte. Mein Vater, der eine gute Portion Humor besaß, fand sie ›ganz munter‹ und sagte meinem Onkel, er solle die alte Frau machen lassen, was sie wolle.

Aber was wollte sie?

Das nächste, was berichtet wurde, war, daß sie eine Bregg bestellt hatte und nach einem Ausflugsort gefahren war, an einem gewöhnlichen Donnerstag. Eine Bregg war ein großes, hochrädriges Pferdegefährt mit Plätzen für ganze Familien. Einige wenige Male, wenn wir Enkelkinder zu Besuch gekommen waren, hatte Großvater die Bregg gemietet. Großmutter war immer zu Hause geblieben. Sie hatte es mit einer wegwerfenden Handbewegung abgelehnt, mitzukommen. Und nach der Bregg kam die Reise nach K., einer größeren Stadt, etwa zwei Eisenbahnstunden entfernt. Dort war ein Pferderennen, und zu dem Pferderennen fuhr meine Großmutter.

Der Buchdrucker war jetzt durch und durch alarmiert. Er wollte einen Arzt hinzugezogen haben. Mein Vater schüttelte den Kopf, als er den Brief las, lehnte aber die Hinzuziehung eines Arztes ab.

Nach K. war meine Großmutter nicht allein gefahren. Sie hatte ein junges Mädchen mitgenommen, eine halb Schwachsinnige, wie der Buchdrucker schrieb, das Küchenmädchen des Gasthofs, in dem die Greisin jeden zweiten Tag speiste. Dieser ›Krüppel‹ spielte von jetzt ab eine Rolle.

Meine Großmutter schien einen Narren an ihr gefressen zu haben. Sie nahm sie mit ins Kino und zum Flickschuster, der sich übrigens als Sozialdemokrat herausgestellt hatte, und es ging das Gerücht, daß die beiden Frauen bei einem Glas Rotwein in der Küche Karten spielten.

»Sie hat dem Krüppel jetzt einen Hut gekauft mit Rosen drauf«, schrieb der Buchdrucker verzweifelt. »Und unsere Anna hat kein Kommunionskleid!«

Die Briefe meines Onkels wurden ganz hysterisch, handelten nur von der ›unwürdigen Aufführung unserer lieben Mutter‹ und gaben sonst nichts mehr her. Das Weitere habe ich von meinem Vater.

Der Gastwirt hatte ihm mit Augenzwinkern zugeraunt: »Frau B. amüsiert sich ja jetzt, wie man hört.«

In Wirklichkeit lebte meine Großmutter auch diese letzten Jahre keinesfalls üppig. Wenn sie nicht im Gasthof aß, nahm sie meist nur ein wenig Eierspeise zu sich, etwas Kaffee und vor allem ihren geliebten Zwieback. Dafür leistete sie sich einen billigen Rotwein, von dem sie zu allen Mahlzeiten ein kleines Glas trank. Das Haus hielt sie sehr rein, und nicht nur die Schlafstube und die Küche, die sie benutzte. Jedoch nahm sie darauf ohne Wissen ihrer Kinder eine Hypothek auf. Es kam niemals heraus, was sie mit dem Geld machte. Sie scheint es dem Flickschuster gegeben zu haben. Er zog nach ihrem Tod in eine andere Stadt und soll dort ein größeres Geschäft für Maßschuhe eröffnet haben.

Genau betrachtet lebte sie hintereinander zwei Leben. Das eine, erste, als Tochter, als Frau und als Mutter, und das zweite einfach als Frau B., eine alleinstehende Person ohne Verpflichtungen und mit bescheidenen, aber ausreichenden Mitteln. Das erste Leben dauerte etwa sechs Jahrzehnte, das zweite nicht mehr als zwei Jahre.

Mein Vater brachte in Erfahrung, daß sie im letzten halben Jahr sich gewisse Freiheiten gestattete, die normale Leute gar nicht kennen. So konnte sie im Sommer früh um drei Uhr aufstehen und durch die leeren Straßen des Städtchens spazieren, das sie so für sich ganz allein hatte. Und den Pfarrer, der sie besuchen kam, um der alten Frau in ihrer Vereinsamung Gesellschaft zu leisten, lud sie, wie allgemein behauptet wurde, ins Kino ein!

Sie war keineswegs vereinsamt. Bei dem Flickschuster verkehrten anscheinend lauter lustige Leute, und es wurde viel erzählt. Sie hatte dort immer eine Flasche ihres eigenen Rotweins stehen, und daraus trank sie ihr Gläschen, während die anderen erzählten und über die würdigen Autoritäten der Stadt loszogen. Dieser Rotwein blieb für sie reserviert, jedoch brachte sie mitunter der Gesellschaft stärkere Getränke mit.

Sie starb ganz unvermittelt, an einem Herbstnachmittag in ihrem Schlafzimmer, aber nicht im Bett, sondern auf dem Holzstuhl am Fenster. Sie hatte den ›Krüppel‹ für den Abend ins Kino eingeladen, und so war das Mädchen bei ihr, als sie starb. Sie war vierundsiebzig Jahre alt.

Ich habe eine Fotografie von ihr gesehen, die sie auf dem Totenbett zeigt und die für die Kinder angefertigt worden war. Man sieht ein winziges Gesichtchen mit vielen Falten und einen schmallippigen, aber breiten Mund. Viel Kleines, aber nichts Kleinliches. Sie hatte die langen Jahre der Knechtschaft und die kurzen Jahre der Freiheit ausgekostet und das Brot des Lebens aufgezehrt bis auf den letzten Brosamen.

Erich Kästner

Herbstliche Anekdote

Als der Alte von einem Begräbnis kam,
blieb er am Tor des Friedhofs stehen
und sagte zögernd zu seinem Sohn:
»Eigentlich lohnt sich's für mich gar nicht,
erst wieder nach Hause zu gehen ...«

Honoré de Balzac

Der Humpelgreis

Der betagte Chronist, der das Garn für die folgende Geschichte spann, behauptet, damals gelebt zu haben, als jene sich in Rouen zutrug, wo sie auch im Archiv zu finden ist. In der Umgegend dieser Stadt, in der damals der Herzog Richard residierte, bettelte ein Mann herum, der eigentlich Dreipack hieß, aber immer nur »Humpelgreis« genannt wurde, nicht etwa, weil er etwa so gar gebrechlich war, sondern weil er in jämmerlichen Lumpen auf den Landstraßen herumlungerte, Berg und Tal unsicher machte, unter freiem Himmel schlief und so einen überaus armseligen Eindruck machte. Immerhin aber war er im ganzen Herzogtum sehr beliebt, denn jeder war an ihn gewöhnt, und zwar in dem Maße, daß man sich überall, wo er sich einen Monat lang mit seinem Bettelsack nicht hatte sehen lassen, angelegentlichst erkundigte: »Wo steckt denn der Alte?« Und dann hieß es: »Ach, der humpelt wieder irgendwo herum.«

Sein Vater war zu Lebzeiten ein biederer, sparsamer und ordentlicher Mann gewesen, der diesem seinem Sohn ein recht hübsches Vermögen hinterließ. Aber der Bengel brachte das sehr schnell durch, zumal er das wahre Gegenteil seines Vaters war. Wenn dieser nämlich zum Beispiel vom Feld heimging, dann sammelte er alle Äste oder Zweige rechts und links am Weg auf und sagte ganz ruhig, man dürfe nie mit leeren Händen heimkommen. So konnte er denn auch den ganzen Winter mit dem Holz einheizen, das nachlässige Nachbarn hatten herumliegen lassen. Und daran tat er wohl, denn jedermann nahm sich die gute Lehre zu Herzen, und so kam es, daß kurz vor dem Tod des Alten schon niemand mehr Holz auf den Wegen herumliegen ließ. Er hatte auch die Nachlässigsten gezwungen, wirtschaftlich und ordentlich zu werden. Bei seinem Sohn aber ging es hoch her. Der folgte diesem guten Beispiel nicht, und so kam es, wie sein Vater vorausgesagt hatte. Als nämlich der Bengel noch ganz jung war, da ließ ihn der Vater acht geben, daß ihm die Vögel nicht die Erbsen, Bohnen oder das Korn wegfraßen. Er sollte dieses ganze Diebsgesindel, zumal die Häher, die einem alles verderben, wegjagen. Aber er zog es vor, den Tieren zuzugucken. Es machte ihm einen Mordsspaß, wenn sie so anmutig herumhüpften, herbeiflatterten und mit vollem Schnabel wieder davonflogen, wenn sie mit schiefem Kopf gar spitzbübisch nach den Fallen und Schlingen schielten. Und wenn einer sie hurtig gemieden hatte, dann lachte er aus voller Kehle. Der Vater barst natürlich vor Wut, wenn er fand, daß ein guter Teil der Ernte wieder zum Teufel gegangen war. Entdeckte er den Schlingel dann unter einer Haselstaude, wie er da seinen Blödsinn trieb, so riß er ihm schier die Ohren aus. Aber der Bursch fiel allemal aus allen Wolken und schwups, saß er wieder da und guckte den Amseln, Spatzen und sonstigen Körnerpickern bei ihrer Arbeit zu. Und da sagte ihm denn sein Vater eines Tages, er solle es nur bei diesen da recht gut lernen, denn wenn er so weitermache, dann würde er auf seine alten Tage genau wie diese seine Krümchen hier und da aufpicken, genau wie sie von den Wächtern verjagt werden. Und das war also eingetroffen, denn, wie gesagt, er brachte das ganze Geld, das sein Vater in seinem langen Leben zusammengescharrt hatte, in ganz kurzer Zeit durch. Er tat mit den Menschen wie mit den Spatzen, jeder durfte an seinem Geld herumpicken, und er ergötzte sich an den anmutsvollen Reden, mit denen man einen Griff in seinen Geldsack begleitete. So ließ das Ende nicht lange auf sich warten. Als Dreipack nur noch den Teufel als einziges Gut in seiner Geldkatze gewahrte, da warf er sie sorglos weg und meinte, er wolle nicht um irdischer Schätze willen in die Hölle fahren und er habe genügend Weltweisheit bei den Vöglein studiert.

Hatte er es sich bis jetzt von Herzen wohl sein lassen, so blieb ihm nunmehr nichts weiter als ein Becher und drei Würfel, also gerade genug, um zu trinken und zu spielen. Aber so hatte er auch nicht unter einem Überfluß von Hausrat zu leiden wie reiche Leute, die immer nur mit einem Haufen von Kisten, Kästen, Teppichen und zahllosen Dienern auf die Reise gehen können. Zunächst suchte Dreipack seine guten Freunde auf, aber keiner mochte ihn mehr kennen, und so kam er in die glückliche Lage, sie ebenfalls verleugnen zu dürfen. Als ihm dann aber der Hunger die Zähne wetzte, da beschloß er, einen Beruf zu ergreifen, bei dem er nichts zu tun brauchte und doch Aussichten hatte, eine Menge zu verdienen. Bei seinem Nachsinnen fielen ihm die Spatzen und Amseln ein, und so erwählte er als Beruf, sich überall sein Geld zusammenzupicken. Schon vom ersten Tag an gaben ihm mitleidige Seelen etwas, und so war Dreipack sehr zufrieden und fand, daß sein Beruf sehr gut gewählt war, zumal darin gar kein Risiko steckte, hingegen um so mehr Bequemlichkeiten. Und er ging seinem Beruf so freudigen Herzens nach, daß er nirgends abgewiesen wurde und gar manches trostreiche Wort fand, das ein Reicher niemals eingeheimst hätte. Wenn er dann die Landleute pflanzen, säen, ernten und Handel treiben sah, dann sagte er sich: »Die arbeiten für mich!« Hatte einer ein Schwein im Stall, dann ahnte er wohl kaum, daß ein guter Happen davon Dreipack gehörte, buk einer Brot, dann bedachte er nicht, daß er für Dreipack mitbackte. Der nahm natürlich nichts mit Gewalt, im Gegenteil, die Leute sagten ihm noch die liebenswürdigsten Worte, wenn sie ihm etwas gaben, etwa: »Hier, guter Humpelgreis, stärke dich! Na, geht's gut? Siehst du! Na also hier, nimm das noch, die Katze hat zwar dran geschleckt, aber du wirst es schon ausschlecken.«

Humpelgreis war natürlich bei allen Hochzeiten, Taufen und Beerdigungen dabei. Sowie irgendwo etwas los war, gleich stellte er sich auch ein, mochte man die Sache auch noch so geheimhalten. Dabei war er sorglich darauf bedacht, sich nie gegen die Regeln seines Berufes zu verstoßen – d.h., etwas zu tun. Denn hätte er jemals auch nur einen Finger gerührt, dann hätte ihm niemand mehr auch nur einen Deut gegeben. War er satt gefuttert, dann streckte sich der Weise in einen Straßengraben oder in den Schatten einer Kirche und widmete sich so im Traum den öffentlichen Arbeiten. Obendrein aber philosophierte er auch wie seine zierlichen Lehrmeister, die Amseln, Häher und Spatzen: Er wälzte beim Betteln gar tiefe Gedanken, denn war auch sein Kleid gar ärmlich, brauchte es deshalb um seinen Verstand ebenso schlecht bestellt zu sein? Seine Weisheiten machten seinen Kunden viel Spaß. Denn er sagte ihnen zum Dank gar treffliche Dinge, wie etwa, die Pantoffeln seien an der Gicht der reichen Leute schuld. Er könne mühelos bergauf, bergab laufen, denn sein Schuster liefere ihm Stiefel, die im Wald gewachsen seien. Von Diademen bekäme man nur Kopfweh, und da sein Kopf weder von Sorgen noch von Hüten belästigt würde, so könne er nie von so etwas geplagt werden. Ringe und wertvolles Geschmeide beenge nur den Blutumlauf, und da er sich bei seiner Bettelei gar manchen Schnitt und Riß holte, so war er stolz darauf, so frisches Blut zu besitzen wie ein neugeborener Täufling. Der wackere Mann vertrieb sich im übrigen seine Zeit sehr lustig, indem er mit anderen Bettlern mit seinen Würfeln spielte, die er sorglich aufhob, um seine paar Heller bald wieder los zu werden und so auf seine Armut nie verzichten zu brauchen. Trotz seines Gelübdes erging es ihm wie den Bettelorden: Er lebte im Überfluß. Als daher eines Ostertages ein anderer Bettler ihm seine Tageseinnahme abpachten wollte, da waren ihm zehn Gulden zu wenig. Und richtig: Zur Vesperstunde ließ er vierzehn Gulden springen, um alle Almosengeber freizuhalten, denn es ist in den Statuten der Bettler gesagt, daß man sich seinen Spendern gegenüber dankbar erweisen soll. Obwohl er so alles, wofür sich andere Leute abplagen, von sich schüttelte, war er doch der glücklichste Kerl dieser Welt, weil jene unter der Last ihres Besitzes nur Sorgen und Ärger haben. Was aber den Adel anbetrifft, so war er eigentlich so gut wie ein Edelmann, denn er konnte machen und tun oder lassen, was er wollte, und lebte im allervornehmsten Nichtstun. Lag er irgendwo, so wäre er auch nicht für dreißig Gulden aufgestanden. Er kam immer, wenn etwas aus war, und hatte dann alle Reste für sich, und so führte er jenes herrliche Leben, das (wie der Herr Plato berichtet, den man so oft als Autorität anruft) im Altertum gar mancher weise Mann geführt hat. Schließlich war er so zweiundachtzig Jahre alt geworden, und kein Tag war vergangen, wo er nicht satt zu essen gehabt hätte. Er hatte aber auch eine so gesunde Gesichtsfarbe, wie man sich kaum vorstellen kann, und behauptete immer, hätte er in Reichtum gelebt, so wäre er schon längst zugrunde gegangen und unter der Erde – womit er vielleicht recht gehabt hat.

In seiner frühesten Jugend schon war sein Haupttalent gewesen, Frauen zu lieben, und manche behaupten, diese reiche Gabe verdankte er seinen Studien bei den Sperlingen. Allzeit war er bereit, den Frauen hilfreich unter die Arme zu greifen, denn da er nie etwas tat, so war er natürlich immer für Dienstleistungen zur Hand. Man behauptet sogar, daß seine große Beliebtheit in der ganzen Gegend gerade auf seine verborgenen Talente zurückzuführen war. Einzelne wollen wissen, daß die Frau von Chaumont ihn gar eines Tages auf ihr Schloß habe kommen lassen, um die Richtigkeit dieser Behauptungen nachzuprüfen. Sie habe ihn dort auch acht Tage lang versteckt gehalten – um ihm das Betteln abzugewöhnen. Aber er sei schließlich aus Angst, er könne am Ende reich werden, schleunigst ausgekniffen. Als er nun älter wurde, da merkte er, daß man seine Vorzüge nicht mehr beachten wollte, obgleich sie nicht die geringste Einbuße erlitten hatten. Und diese Ungerechtigkeit der holden Weiblichkeit wurde der erste Schmerz des Humpelgreises, wurde aber auch die Ursache zu jenem Prozeß in Rouen, dem wir uns jetzt zuwenden wollen.

In seinem zweiundachtzigsten Lebensjahr also war Humpelgreis während sieben Monaten zu unfreiwilligem Fasten verurteilt, denn er traf keine Frau mehr, die Lust hatte, sich mit ihm einzulassen. Und das war, wie er später vor dem Richter sagte, für ihn die größte schmerzliche Überraschung, die ihm in seinem langen, ehrenhaften Leben zuteil geworden war. Da sah er in dem berühmten Monat Mai in den Feldern ein Mägdelein, das Kuhmagd und doch merkwürdigerweise Jungfer war. Die Hitze war so drückend, daß diese Magd sich im Schatten eines Baumes mit dem Gesicht nach der Erde zu hinstreckte, wie's die Feldarbeiter ja zu machen pflegen. Sie wollte ein Schläfchen tun, derweil das Vieh wiederkäute. Aber plötzlich wurde sie durch die Schuld des Alten aufgeweckt, der ihr just gemaust hatte, was so ein armes Ding doch nur einmal auf der Welt besitzt. Als sie sich so ihrer Blüte beraubt sah, ohne darauf vorbereitet worden zu sein oder wenigstens ein Vergnügen dabei empfunden zu haben, da erhob sie ein Mordsgeschrei. Darauf kamen die Landleute, die rings in der Gegend arbeiteten, herbei und wurden Zeugen der Missetat, die sich sonst nur bei Jungverheirateten in der Hochzeitsnacht zuträgt. Das Mädel heulte und jammerte und schrie immer nur, der alte heißblütige Affe hätte doch ruhig ihre Mutter überfallen können, die hätte nichts gesagt. Die Leute schwangen bereits ihre Hacken und hätten ihn womöglich totgeschlagen, aber er hielt ihnen immer vor, daß er unter einem unüberwindlichen Zwang gehandelt habe. Sie entgegneten darauf, er hätte diesem Zwang nachgeben können, ohne gerade eine Jungfer zu notzüchtigen, denn das sei ein Fall, der geradewegs an den Galgen führe. Und so wurde er unter riesigem Aufsehen in den Kerker zu Rouen geschleppt.

Als der Profos das Mädel verhörte, da erklärte es, in einem Augenblick, da sie nichts Wichtigeres zu tun gehabt habe, hätte sie ein Schläfchen gehalten. Dabei habe sie von ihrem Schatz geträumt, mit dem sie sich verzankt hatte, weil er noch vor der Ehe bei ihr hatte Maß nehmen wollen. So hätte sie geträumt, wie sie ihm im Spaß einen kleinen Einblick in die näheren, so reizvollen Umstände gestattete, damit sie beide nicht ganz unglücklich würden. Aber er sei trotz ihres Widerstandes weiter gegangen, als sie ihm erlaubt habe, und da sie dabei mehr Schmerz als Freude empfunden habe, so sei sie aufgewacht und habe sich in den Armen des Humpelgreises gesehen, der sich auf sie geworfen habe, wie ein Kapuzinermönch in der Fastenzeit über einen Schinken herfällt.

Diese Aussage wirbelte in Rouen solchen Staub auf, daß der Herzog sich den Profos kommen ließ und ihm seinen lebhaften Wunsch aussprach, selbst die Wahrheit zu ergründen. Da ihm der Profos alle Gerüchte bestätigte, so befahl er, den Humpelgreis ihm vorzuführen, um mit anzuhören, was der zu seiner Entschuldigung vorbringen könne. So erschien der biedere Alte vor dem Fürsten und klagte ihm sein Mißgeschick, unter dem er durch die Bosheit der Natur zu leiden habe. Er erklärte mit rührender Offenheit, er sei in dieser Beziehung noch der reine Jüngling, so arg setzten ihm seine Bedürfnisse zu. Bis zu diesem Jahr habe er immer noch Frauen gefunden, die ihm zu Willen waren, aber zuletzt habe er acht Monate lang fasten müssen. Er sei doch zu arm, um sich Freudenmädchen zu kaufen, und die anderen Frauen, die sonst gern einmal ihr Scherflein dazu beigesteuert hätten, nähmen jetzt Anstoß an seinem Haar, das hinterlistigerweise, obgleich er innerlich doch noch so jugendgrün sei wie nur irgendeiner, zu bleichen begonnen habe. So sei er gezwungen worden, eine gebotene Gelegenheit wahrzunehmen. Und unter diesen Umständen habe er jene verdammte Jungfer erblickt, die sich unter der Buche hingestreckt hatte und solchermaßen die verlockendsten Unebenheiten und gar noch zwei weiße Halbkugeln habe sehen lassen, bei deren Anblick ihm der Verstand davongeflogen sei. Die Schuld läge bei der Jungfer und nicht bei ihm, denn es sollte den Jungfern einfach verboten sein, die Vorübergehenden durch einen Anblick in Raserei zu versetzen, der jener Frau Venus den Namen »Kallipygos« eingetragen habe. Und kurz und gut: Der Fürst müsse doch selbst wissen, wie schwer es sei, einen Hund in solcher Mittagsglut an der Leine zu halten, in der Mittagsstunde habe sich doch auch der Herr David in Urias Weib vernarrt. Dieser gottgeliebte König der Hebräer sei gestrauchelt, und da wäre es doch immerhin verzeihlich, wenn er sich schuldig gemacht habe, der er doch ein armer Teufel sei, dem es am Notwendigsten in dieser Beziehung fehlte und der kaum gewußt habe, wie sich durchhelfen. Er wäre ja gern bereit, unter den gleichen glücklichen Verhältnissen wie König David bis ans Ende seiner Tage reumütige Psalmen zu singen, und dabei habe dieser noch das Leben jenes Ehemannes auf dem Gewissen, wohingegen er im gleichen Fall der Kuhmagd doch nur einen ganz winzigen Schaden zugefügt habe. – Der Herzog hatte seine Freude an den Entschuldigungsgründen des alten Humpelgreises und erklärte, seine Qualitäten seien entschieden nicht alltäglich. Dann aber sprach er jenen denkwürdigen Richterspruch: Wenn die Behauptung des Bettlers, er litte trotz seines Alters noch unter so unbezwinglichen Begierden, wahr sei, so möge er dies am Fuß der Galgenleiter beweisen, die er nach dem Verdikt des Profos' ja besteigen müsse. Würde er also mit dem Hals in der Schlinge zwischen Priester und Henker wirklich noch von diesem Drange übermannt, so solle er begnadigt werden.

Als dieser Richterspruch bekannt wurde, da stürmten die Menschen wie die Wahnsinnigen hin, um zuzusehen, wie der Alte zum Galgen geführt wurde. Es wogte ein Menschenmeer rechts und links von der Straße, als hielte ein König seinen Einzug, und natürlich gab's da mehr Hauben zu sehen als Hüte. Der Humpelgreis wurde durch eine Edelfrau gerettet, die über die Maßen neugierig war zu sehen, wie dieser unersättliche Schürzenjäger sich aus der Schlinge ziehen würde. Sie erklärte dem Herzog, die Religion schreibe vor, dem biederen Kerl die Sache nicht zu schwer zu machen. Deshalb zog sie ein Ballkleid an, daraus gar augenfällig und einladend zwei Rundlichkeiten hervorprangten, deren blankes Weiß das feinste Linnen beschämte. Richtiger gesagt: Diese zwei Liebesfrüchte erglänzten oberhalb ihres Mieders so unbehindert wie zwei frische, große Äpfel, bei deren verlockendem Aussehen einem das Wasser im Mund zusammenlaufen mußte. Diese Edelfrau gehörte zu den Damen, bei deren Anblick jeder Mann sofort merkt, daß er wirklich ein Mann ist, und sie also stellte sich mit verführerischem Lächeln vorne in die erste Reihe. Der Humpelgreis in seinem Armsünderkittel war leider viel sicherer, nach der Exekution als vor ihr zu jeder Schandtat bereit zu sein. Er kam grambeschwert zwischen den Bütteln dahergeschritten und schaute eifrig nach allen Seiten aus. Aber er sah nur Hauben, und doch hätte er, wie er später sagte, gern hundert Gulden gegeben, wenn er jetzt ein Mädel in gleich verführerischer Stellung hätte erblicken können wie jene Kuhmagd, deren liebe, gute, weiße Venuszierden ihm immer wieder ins Gedächtnis kamen, sie, die ihm zum Verhängnis wurden, so wie sie ihn jetzt hätten retten können. Aber seine Rückerinnerung nützte ihm nicht viel, denn weil er alt war, so war sein Gedächtnis auch etwas schwach geworden. Da – am Fuß der Leiter erblickte er die zwei Schmuckstücke jener Edelfrau und das entzückende Delta, das ihre ineinander verfließenden

Rundungen bildeten. Und darüber geriet sein Innerstes in solche Gärung, daß der Armsünderkittel ihm zu eng wurde.

»So überzeugt euch doch!« schrie er die Büttel an. »Ich habe die Bedingung der Begnadigung erfüllt und den Beweis erbracht, daß es Dinge gibt, für die ich keine Verantwortung übernehmen kann!«

Diese Schmeichelei gefiel der Dame so wohl, daß sie darüber beinahe noch beglückter war wie über einen gewalttätigen Überfall. Die Büttel waren angewiesen worden, den Fall zu verifizieren. Aber als sie seinen Kittel lüfteten, da vermeinten sie, der Alte sei der leibhaftige Satan. Denn er übertraf die kühnsten Erwartungen. So wurde er denn im Siegeszuge zum Palast des Herzogs geleitet, wo die Büttel und die Zuschauer die Erfüllung der Bedingung bestätigten. Und in dieser Zeit tiefster Unwissenheit wurde jener Richterspruch so hoch in Ehren gehalten, daß die Stadt beschloß, einen Pfeiler an der Stelle zu errichten, wo der wackere Mann seine Begnadigung durchgesetzt hatte. Und darauf wurde er genau in dem Zustand konterfeit, in dem er beim Anblick jener ehrsamen, tugendhaften Edelfrau gewesen war. Dieses Standbild existierte noch zu der Zeit, da die Engländer die Stadt eroberten, und die Geschichte wurde von allen Chronisten unter den wichtigsten Begebenheiten verzeichnet.

Des weiteren wurde ihm von der Stadt angeboten, er sollte sein Leben lang so viele Dirnen zur Verfügung haben, wie er brauchte, und man wolle für seinen Unterhalt, Kleidung und alles Notwendige sorgen. Der gute Herzog aber befahl, dem entjungferten Mägdelein tausend Gulden zu geben und es mit dem wackeren Mann zu vermählen. Der verlor nunmehr seinen Beinamen »der Humpelgreis«, wurde in den Adelsstand erhoben und hieß fortan auf Geheiß des Herzogs Herr von ... Sein Weib brachte neun Monate später ein Knäblein zur Welt, das über die Maßen wohlgeraten und gesund war und bei seiner Geburt sogar schon zwei Zähnchen hatte. Damit war das Haus derer von ... begründet, das später aus überflüssiger Schamhaftigkeit bei unserem vielgeliebten König Ludwig dem Elften darum einkam, er möchte doch den Namen ändern. Der gute König hielt dem damaligen Herrn von ... vor, daß es unter dem Adel von Venedig eine hochehrenwerte Familie Coglioni gäbe, die drei ... in ihrem Wappen führe. Aber die Herren von ... erwiderten, daß ihre Frauen so sehr beschämt seien, wenn sie bei Hofe so angeredet würden. Worauf der König meinte, so ginge ihnen gar viel verloren. Aber er änderte den Namen, und seitdem hat sich die Familie noch weithin ausgebreitet und ist in mehreren Provinzen ansässig. Der erste Herr von ... lebte übrigens noch siebenundzwanzig Jahre und wurde mit noch einem Sohn und zwei Töchtern beschenkt. So starb er als reicher Mann, der nicht mehr nötig hatte, auf den Landstraßen zu humpeln.

Malwida von Meysenbug

Der Lebensabend einer Idealistin

Im Alter wird die Natur einem noch vertrauter und wichtiger als in der heißblütigen Jugend, die Teilnahme von ihr verlangt und sich über ihren kalten Metallglanz ärgert. Das Alter hingegen ruht aus in der Objektivität der um individuelle Leiden und Freuden unbekümmerten, nach ewigen Gesetzen wirkenden Natur, in deren Schoß alles Lebendige nach überstandenem Erdentraum zurückkehrt.

Der Intellekt ist ja auch nur ein Teil der Erscheinung und hängt von ihren Existenzbedingungen mit ab, während das Unveräußerliche, der Charakter, das eigentlich Metaphysische, welches als Wille mit uns geboren wird, bleibt. Ein rührendes Beispiel hierzu erlebte ich kürzlich. Ein alter Künstler, der in Rom seit seiner Jugend lebte und sowohl wegen seiner Leistungen wie als Mensch hoch geachtet war, wurde nun durch Krankheit und Alter in einen Zustand völliger Hülflosigkeit versetzt und hing von den Dienstleistungen seiner Frau und der Magd ab. Eines Tages kam das Bewußtsein seiner Lage, seines geistigen und physischen Absterbens noch einmal mit Klarheit über ihn, und er fing an bitterlich zu weinen. Umsonst versuchten seine Frau und seine kleine Tochter, ihn durch Liebkosungen zu beruhigen. Ein Freund, der zugegen war, sagte ihm endlich, er sei doch noch gut daran, habe liebende Wesen um sich, ihn zu pflegen, und brauche wenigstens nicht zu darben; aber er solle des armen A ... gedenken, eines einst auch berühmten Künstlers, der, älter und hülfloser noch als er, niemand auf Erden habe, der für ihn sorge, außer einem gemeinen Aufwärter, welcher ihm etwas zu essen bringe und ein paarmal am Tag nach ihm sehe. Des alten Mannes Tränen versiegten und er schwieg. Am folgenden Tag rief er die Köchin herbei und fragte sie leise: »Könnten wir nicht dem alten A ... ein Süppchen schicken?«

Wem würde bei so etwas nicht zu Mute, wie wenn ein Sonnenstrahl durch finsteres Gewölk bricht? So bricht hier durch den sich umnachtenden Intellekt, der an die Erscheinung gebunden ist, das Leuchten des Metaphysischen, Unzerstörbaren, welches, jenseits unserer Erkenntnis, aus geheimnisvollen Ursachen uns den Charakter zubereitet hat; hier zeigt es sich als die Güte, die, auch entkleidet von dem schmückenden Gewand des Intellekts und des Talents, in ursprünglicher rührender Schönheit zu Tage tritt.

Deshalb ist auch der Tod guter Menschen meist so schön und rührend, weil, selbst wenn der Geist schon umflort ist und erlischt, die letzten Bilder und Worte, die das ersterbende Bewußtsein noch hervorbringt, der liebenswerten Natur entsprechen. So hatte z.B. mein Vater, dessen liebevolles edles Gemüt für ganz anderes gemacht war, als für die heißen Kämpfe der Politik und der Revolution, in denen sein Leben verfließen mußte, schon einschlummernd zum ewigen Schlaf, nur noch Vorstellungen von Blumenwiesen und Vergißmeinnichtsträußen, von denen er lächelnd und leise flüsternd sprach. Ich sah nie einen Bösen sterben, aber der Tod eines solchen muß schrecklich sein, denn nun kommt das wahre jüngste Gericht zum Vorschein, und kein Blitzen des Verstandes, kein Funkeln des im Leben erworbenen gleißnerischen Schimmers kann den Abgrund des Wesens mehr verbergen. Bezeichnend ist hiefür das Wort des Kaisers Augustus, der, als er die letzte Stunde nahen fühlte, sich freute, daß er nun endlich aufhören könne, Komödie zu spielen.

VI

WER LÄNGER LEBT, WIRD ÄLTER

Christian Morgenstern

Die Zeit

Es gibt ein sehr probates Mittel,
die Zeit zu halten am Schlawittel:
Man nimmt die Taschenuhr zur Hand
und folgt dem Zeiger unverwandt.

Sie geht so langsam dann, so brav
als wie ein wohlgezogen Schaf,
setzt Fuß vor Fuß so voll Manier
als wie ein Fräulein von Saint-Cyr.

Jedoch verträumst du dich ein Weilchen,
so rückt das züchtigliche Veilchen
mit Beinen wie der Vogel Strauß
und heimlich wie ein Puma aus.

Und wieder siehst du auf sie nieder;
ha, Elende! – Doch was ist das?
Unschuldig lächelnd macht sie wieder
die zierlichsten Sekunden-Pas.

Vladimir Nabokov

Sprich, Erinnerung,
sprich

Die Wiege schwingt über einem Abgrund, und der Hausverstand sagt uns, daß unser Leben nur ein kurzer Lichtspalt zwischen zwei Ewigkeiten des Dunkels ist. Obschon die beiden eineiige Zwillinge sind, betrachtet man in der Regel den Abgrund vor der Geburt mit größerer Gelassenheit als jenen anderen, dem man (mit etwa viereinhalbtausend Herzschlägen in der Stunde) entgegeneilt. Ich weiß jedoch von einem Chronophobiker, den so etwas wie Panik ergriff, als er zum ersten Male einige Amateurfilme sah, die ein paar Wochen vor seiner Geburt aufgenommen worden waren. Er erblickte eine praktisch unveränderte Welt – dasselbe Haus, dieselben Leute –, und dann wurde ihm klar, daß es ihn dort nicht gab und daß niemand sein Fehlen betrauerte. Er sah seine Mutter aus einem Fenster im ersten Stock winken, und diese unvertraute Geste verstörte ihn, als wäre sie irgendein geheimnisvolles Lebewohl. Aber was ihm besonderen Schrecken einjagte, war der Anblick eines nagelneuen Kinderwagens, der dort vor der Haustür selbstgefällig und anmaßend stand wie ein Sarg; selbst er war leer, als hätte sich im umgekehrten Lauf der Dinge sogar sein Skelett aufgelöst.

Jungen Menschen sind dergleichen Phantasien nicht fremd. Oder anders ausgedrückt: die ersten und die letzten Dinge haben oft etwas Pubertäres an sich – es sei denn, eine ehrwürdige und strenge Religion ordnete sie. Die Natur erwartet vom erwachsenen Menschen, daß er die schwarze Leere vor sich und hinter sich genauso ungerührt hinnimmt wie die außerordentlichen Visionen dazwischen. Die Einbildungskraft, die höchste Wonne des Unsterblichen und des Unreifen, soll ihre Grenzen haben. Um das Leben zu genießen, dürfen wir es nicht zu sehr genießen.

Adolph Freiherr von Knigge

Von dem Umgange unter Menschen von verschiedenem Alter

Es gibt viele Dinge in dieser Welt, die sich durchaus nicht anders als durch Erfahrung lernen lassen; es gibt Wissenschaften, die so schlechterdings langwährendes Studium, vielfaches Betrachten von verschiednen Seiten und kältres Blut erfordern, daß ich glaube, auch das feurigste Genie, der feinste Kopf sollte einem bejahrten Manne, der selbst bei schwächern Geistesgaben Alter und Erfahrung auf seiner Seite hat, in den mehrsten Fällen einiges Zutrauen, einige Aufmerksamkeit nicht versagen. Und wäre auch nicht von wissenschaftlichen Fächern die Rede, so ist doch wohl im ganzen unleugbar, daß die Summe mannigfaltiger Erfahrungen, die jeder in der Welt lebende Mann in einer langen Reihe von Jahren einsammelt, ihn in den Stand setzt, schwankende Ideen zu berichtigen, von idealischen Grillen zurückzukommen, sich nicht so leicht von Phantasie, warmem Blute und reizbaren Nerven irreführen zu lassen, und die Menschen und die Dinge um ihn her aus einem richtigern Gesichtspunkte anzusehn. Endlich dünkt es mich so schön, so edel, dem, welcher nun nicht lange mehr die Schätze und Freuden dieser Welt schmecken kann, den Rest seines Lebens, in welchem gewöhnlich Sorgen und Kümmernisse wachsen und der Genuß vermindert wird, so leicht als möglich zu machen, daß ich kein Bedenken trage, dem Jünglinge und Knaben zuzurufen: »Vor einem grauen Haupte sollst Du aufstehn! Ehre das Alter! Suche den Umgang älterer kluger Leute! Verachte nicht den Rat der kältern Vernunft, die Warnung des Erfahrnen! Tue dem Greise, was Du willst, daß man Dir tun solle, wenn einst Deiner

Scheitel Haar versilbert sein wird! Pflege seiner und verlasse ihn nicht, wenn die wilde, leichtfertige Jugend ihn flieht!«

Übrigens aber ist es auch gewiß, daß es sehr viel alte Gekken und Schöpse, so wie hie und da weise Jünglinge gibt, die schon geerntet haben, wo andre noch kaum ihr Handwerksgeräte zum Graben und Pflügen schleifen.

Pablo Casals

Alter und Jugend

Ich bin jetzt über dreiundneunzig Jahre alt, also nicht gerade jung, jedenfalls nicht mehr so jung, wie ich mit neunzig war. Aber Alter ist überhaupt etwas Relatives. Wenn man weiter arbeitet und empfänglich bleibt für die Schönheit der Welt, die uns umgibt, dann entdeckt man, daß Alter nicht notwendigerweise Altern bedeutet, wenigstens nicht Altern im landläufigen Sinne. Ich empfinde heute viele Dinge intensiver als je zuvor, und das Leben fasziniert mich immer mehr.

Unlängst überbrachte mir mein Freund Sascha Schneider einen Brief, den eine Gruppe sowjetischer Musiker aus dem Kaukasus an mich gerichtet habe. Er lautete:

Lieber, hochverehrter Maestro,

ich habe die Freude, Sie im Auftrage des Georgisch-Kaukasischen Orchesters einzuladen, eines unserer Konzerte zu dirigieren. Sie werden der erste Musiker Ihres Alters sein, dem die Auszeichnung zuteil wird, unser Orchester zu leiten. Niemals in der Geschichte dieses Orchesters haben wir es einem Manne gestattet, uns zu dirigieren, der weniger als hundert Jahre alt war – alle Orchestermitglieder sind über Hundert! –, aber wir haben von Ihrem Dirigiertalent gehört und meinen, in Ihrem Falle, unbeschadet Ihrer Jugend, eine Ausnahme machen zu sollen.

Wir erwarten umgehend Ihre Zusage. Fahrtkosten werden ersetzt. Auch für die Kosten Ihres Aufenthaltes werden wir aufkommen. Hochachtungsvoll

Astan Schlarba, Präsident, 123 Jahre alt

Sascha ist ein Spaßvogel und liebt es, einem Streiche zu spielen. Dieser Brief war ein solcher Streich, Sascha hatte ihn natürlich selber geschrieben. Aber ich gebe zu: Zuerst hatte ich ihn für bare Münze genommen. Und warum? Nun, so unglaublich schien es mir gar nicht, daß es ein Orchester geben sollte, dessen Mitglieder alle über hundert Jahre alt sind. Und in der Tat hatte ich damit sogar recht. Im Kaukasus gibt es wirklich solch ein Orchester. Sascha hatte in der Londoner *Sunday Times* darüber gelesen. Er zeigte mir den Artikel mit Fotos vom Orchester. Demnach sind alle Mitglieder über hundert Jahre alt. Es sind an die dreißig Musiker, die regelmäßig Proben abhalten und Konzerte geben. Die meisten sind im Hauptberuf Bauern, die noch immer auf ihren Feldern arbeiten. Der Älteste unter ihnen, Astan Schlarba, baut Tabak an und reitet Pferde zu. Alle sind sie prächtige Kerle, denen man die Vitalität so richtig ansieht. Gern würde ich sie einmal spielen hören und würde sie auch (im Ernst!) dirigieren, wenn sich die Gelegenheit ergäbe. Freilich bin ich nicht so sicher, ob sie es mir in Anbetracht meiner großen Jugend gestatten würden.

Aus Späßen läßt sich oft etwas lernen. In diesem Fall habe ich etwas gelernt. Trotz ihres Alters haben diese Musiker nichts von ihrer Lebensfreude eingebüßt. Wie erklärt sich das? Ich glaube nicht, daß man sich bei der Antwort einfach auf ihre körperliche Konstitution berufen darf oder auf das einzigartig günstige Klima, in dem sie leben. Es liegt vielmehr daran, wie sich diese Männer zum Leben überhaupt stellen; ihre Arbeitsfähigkeit beruht, glaube ich, in hohem Maße auf der Tatsache, daß sie überhaupt noch arbeiten. Arbeit erhält jung. Ich jedenfalls denke nicht im Traume daran, mich zur Ruhe zu setzen, jetzt nicht und später nicht! Ruhestand – welch befremdliche Vorstellung! Schon der Gedanke daran ist mir unfaßbar. Ich glaube nicht, daß irgend jemand, der meine Art Arbeit leistet, sich zur Ruhe setzen kann, solange noch ein Hauch Leben in ihm ist. Meine Arbeit ist mein Leben, ich kann eines vom andern nicht trennen. Sich zur Ruhe setzen, heißt für mich soviel wie sich zum Sterben anschicken. Ein Mann, der arbeitet und sich nicht langweilt, ist auch nicht alt. Nie im Leben! Arbeit und das Interesse für Dinge, die Interesse verdienen, sind die besten Heilmittel gegen Alter. Jeden Tag fühle ich mich wie neugeboren, jeden Tag fange ich wieder ganz von vorne an.

Die letzten achtzig Jahre habe ich jeden Morgen auf dieselbe Weise begonnen, nicht etwa mechanisch, aus bloßer Routine, sondern weil es wesentlich ist für meinen Alltag: Ich gehe ans Klavier und spiele zwei Präludien und zwei Fugen von Bach. Anders kann ich es mir gar nicht vorstellen. Es ist so etwas wie ein Haussegen, aber es bedeutet mir noch mehr: die immer neue Wiederentdeckung einer Welt, der anzugehören ich mich freue. Durchdrungen von dem Bewußtsein, hier dem Wunder des Lebens selbst zu begegnen, erlebe ich staunend das schier Unglaubliche: ein Mensch zu sein. Diese Musik ist niemals dieselbe für mich, niemals! Jeden Tag ist sie wieder neu, fantastisch, unerhört ... Bach ist, wie die Natur, ein Mirakel.

Ich glaube, in meinem Leben vergeht kein Tag, an dem ich nicht mit immer neuem Entzücken die Wunder der Natur bestaune. Man begegnet ihnen auf Schritt und Tritt: hier ein Bergesschatten, dort ein im Tau blitzendes Spinnennetz – das besonnte Laub der Bäume ... Besonders geliebt habe ich immer das Meer. Wann es mir immer möglich war, habe ich an der See gelebt, so die letzten zwölf Jahre hier in Puerto Rico. Seit langem ist es eine Gewohnheit von mir, jeden Morgen vor Arbeitsbeginn den Strand entlang zu gehen. Zwar sind diese Spaziergänge heute weniger ausgedehnt als früher, aber das Meer ist für mich deshalb nicht weniger wunderbar. Wie geheimnisvoll, wie schön ist es doch, wie unendlich abwechslungsreich! Es ist nie dasselbe, nie – ändert sich von einem Augenblick zum andern, ist stets im Wechsel begriffen, und dabei entsteht immer etwas anderes, immer etwas Neues.

Hermann Hesse

Über das Alter

Das Greisenalter ist eine Stufe unsres Lebens und hat wie alle andern Lebensstufen ein eigenes Gesicht, eine eigene Atmosphäre und Temperatur, eigene Freuden und Nöte. Wir Alten mit den weißen Haaren haben gleich allen unsern jüngern Menschenbrüdern unsre Aufgabe, die unsrem Dasein den Sinn gibt, und auch ein Totkranker und Sterbender, den in seinem Bett kaum noch ein Anruf aus der diesseitigen Welt zu erreichen vermag, hat seine Aufgabe, hat Wichtiges und Notwendiges zu erfüllen. Altsein ist eine ebenso schöne und heilige Aufgabe wie Jungsein, Sterbenlernen und Sterben ist eine ebenso wertvolle Funktion wie jede andre – vorausgesetzt, daß sie mit Ehrfurcht vor dem Sinn und der Heiligkeit alles Lebens vollzogen wird. Ein Alter, der das Altsein, die weißen Haare und die Todesnähe nur haßt und fürchtet, ist kein würdiger Vertreter seiner Lebensstufe, so wenig wie ein junger und kräftiger Mensch, der seinen Beruf und seine tägliche Arbeit haßt und sich ihnen zu entziehen sucht.

Kurz gesagt: um als Alter seinen Sinn zu erfüllen und seiner Aufgabe gerecht zu werden, muß man mit dem Alter und allem, was es mit sich bringt, einverstanden sein, man muß Ja dazu sagen. Ohne dieses Ja, ohne die Hingabe an das, was die Natur von uns fordert, geht uns der Wert und Sinn unsrer Tage – wir mögen alt oder jung sein – verloren, und wir betrügen das Leben.

Jeder weiß, daß das Greisenalter Beschwerden bringt und daß an seinem Ende der Tod steht. Man muß Jahr um Jahr Opfer bringen und Verzichte leisten. Man muß seinen Sinnen und Kräften mißtrauen lernen. Der Weg, der vor kurzem noch ein kleines Spaziergängchen war, wird lang und mühsam, und eines Tages können wir ihn nicht mehr gehen. Auf die Speise, die wir zeitlebens so gern gegessen haben, müssen wir verzichten. Die körperlichen Freuden und Genüsse werden seltener und müssen immer teurer bezahlt werden. Und dann alle die Gebrechen und Krankheiten, das Schwachwerden der Sinne, das Erlahmen der Organe, die vielen Schmerzen, zumal in den oft so langen und bangen Nächten – all das ist nicht wegzuleugnen, es ist bittere Wirklichkeit. Aber ärmlich und traurig wäre es, sich einzig diesem Prozeß des Verfalls hinzugeben und nicht zu sehen, daß auch das Greisenalter sein Gutes, seine Vorzüge, seine Trostquellen und Freuden hat. Wenn zwei alte Leute einander treffen, sollten sie nicht bloß von der verfluchten Gicht, von den steifen Gliedern und der Atemnot beim Treppensteigen sprechen, sie sollten nicht bloß ihre Leiden und Ärgernisse austauschen, sondern auch ihre heiteren und tröstlichen Erlebnisse und Erfahrungen. Und deren gibt es viele.

Wenn ich an diese positive und schöne Seite im Leben der Alten erinnere und daran, daß wir Weißhaarigen auch Quellen der Kraft, der Geduld, der Freude kennen, die im Leben der Jungen keine Rolle spielen, dann steht es mir nicht zu, von den Tröstungen der Religion und Kirche zu sprechen. Dies ist Sache des Priesters. Wohl aber kann ich einige von den Gaben, die das Alter uns schenkt, dankbar mit Namen nennen. Die mir teuerste dieser Gaben ist der Schatz an Bildern, die man nach einem langen Leben im Gedächtnis trägt und denen man sich mit dem Schwinden der Aktivität mit ganz anderer Teilnahme zuwendet als jemals zuvor. Menschengestalten und Menschengesichter, die seit sechzig und siebzig Jahren nicht mehr auf der Erde sind, leben in uns weiter, gehören uns, leisten uns Gesellschaft, blicken uns aus lebenden Augen an. Häuser, Gärten, Städte, die inzwischen verschwunden oder völlig verändert sind, sehen wir unversehrt wie einst, und ferne Gebirge und Meeresküsten, die wir vor Jahrzehnten auf Reisen gesehen, finden wir frisch und farbig in unsrem Bilderbuche wieder. Das Schauen, das Betrachten, die Kontemplation wird immer mehr zu einer Gewohnheit und Übung, und unmerklich durchdringt die Stimmung und Haltung des Betrachtenden unser ganzes Verhalten. Von Wünschen, Träumen, Begierden, Leidenschaften gejagt sind wir, wie die Mehrzahl der Menschen, durch die Jahre und Jahrzehnte unsres Lebens gestürmt, ungeduldig, gespannt, erwartungsvoll, von Erfüllungen oder Enttäuschungen heftig erregt – und heute, im großen Bilderbuch unsres eigenen Lebens behutsam blätternd, wundern wir uns darüber, wie schön und gut es sein kann, jener Jagd und Hetze entronnen und in die *vita contemplativa* gelangt zu sein. Hier, in diesem Garten der Greise, blühen manche Blumen, an deren Pflege wir früher kaum gedacht haben. Da blüht die Blume der Geduld, ein edles Kraut, wir werden gelassener, nachsichtiger, und je geringer unser Verlangen nach Eingriff und Tat wird, desto größer wird unsre Fähigkeit, dem Leben der Natur und dem Leben der Mitmenschen zuzuschauen und zuzuhören, es ohne Kritik und mit immer neuem Erstaunen über seine Mannigfaltigkeit an uns vorüber ziehen zu lassen, manchmal mit Teilnahme und stillem Bedauern, manchmal mit Lachen, mit heller Freude, mit Humor.

Neulich stand ich in meinem Garten, hatte ein Feuer brennen und speiste es mit Laub und dürren Zweigen. Da kam eine alte Frau, wohl gegen achtzig Jahre alt, an der Weißdornhecke vorbei, blieb stehen und sah mir zu. Ich grüßte, da lachte sie und sagte: »Sie haben ganz recht mit Ihrem Feuerchen. Man muß sich in unsrem Alter so allmählich mit der Hölle anfreunden.« Damit war die Tonart eines Gesprächs angeschlagen, in dem wir einander allerlei Leiden und Entbehrungen klagten, aber immer im Ton des Spaßes. Und am Ende unsrer Unterhaltung gestanden wir uns ein, daß wir trotz alledem ja eigentlich noch gar nicht so furchtbar alt seien und kaum als richtige Greise gelten könnten, solang in unsrem Dorf noch unsre Älteste, die Hundertjährige, lebe.

Wenn die ganz jungen Leute mit der Überlegenheit ihrer Kraft und ihrer Ahnungslosigkeit hinter uns her lachen und unsern beschwerlichen Gang, unsre paar weißen Haare und unsre sehnigen Hälse komisch finden, dann erinnern wir uns daran, wie wir einst, im Besitz der gleichen Kraft und Ahnungslosigkeit, ebenfalls gelächelt haben, und kommen uns nicht unterlegen und besiegt vor, sondern freuen uns darüber, daß wir dieser Lebensstufe entwachsen und ein klein wenig klüger und duldsamer geworden sind.

Wilhelm von Humboldt

Brief an Charlotte Diede

Berlin, den 25. April 1823

Das Leben mit der Natur auf dem Lande hat vorzüglich darin seinen Reiz für mich, daß man die Teile des Jahres sich vor seinen Augen abrollen sieht. Mit dem Leben ist es nicht anders, und es scheint mir daher immer aufs mindeste eine müßige Frage, welches Alter, ob Jugend oder Reife oder sonst einen Abschnitt man vorziehen möchte. Es ist immer nur eine Selbsttäuschung, wenn man sich einbildet, daß man wahrhaft wünschen könnte, in einem zu bleiben. Der Reiz der Jugend besteht gerade im heitern und unbefangnen Hineinstreben in das Leben, und er wäre dahin, wenn es einem je deutlich würde, daß dies Streben nie um eine Stufe weiter führte, etwa wie das Treten von Leuten, die an einem Rade eine Last in die Höhe heben. Mit dem Alter ist es nicht anders, es ist im Grunde, wo es schön und kräftig empfunden wird, nichts andres als ein Hinaussehen aus dem Leben, ein Steigen des Gefühls, daß man die Dinge des Lebens verlassen wird, ohne sie zu entbehren, indem man doch zugleich sie liebt, mit Heiterkeit auf sie zurückblickt und mit Anteil in Gedanken bei ihnen verweilt. Selbst ohne noch religiöse Ideen an den Anblick des Himmels zu knüpfen, hat es etwas unbeschreiblich Bewegendes, sich in der Unendlichkeit des Luftraums zu vertiefen und benimmt so auf einmal allen kleinlichen Sorgen und Begehrungen des Lebens und der Wirklichkeit ihre sonst leicht einengende Wichtigkeit. Sosehr auch der Mensch für die Menschen das erste und wichtigste ist, so gibt es gerade nichts gegenseitig mehr Beschränkendes als die Menschen, wenn sie, enge zusammengedrängt, nur sich vor Augen haben. Man muß erst oft wieder in der Natur ein höheres und über der Menschheit waltendes Wesen erkennen und fühlen, ehe man zu den beschränkten Menschen zurückkehrt. Nur dadurch auch gelangt man dahin, die Dinge der Wirklichkeit nicht so wichtig zu halten, nicht so viel auf Glück oder Unglück zu geben, Entbehrung und Schmerz minder zu achten und nur auf die inneren Stimmungen und Verwandlungen des Geistes und Gemüts seine Aufmerksamkeit zu richten und das äußere Leben bis auf einen gewissen Grad im innern untergehen zu lassen. Der Gedanke des Todes hat dann nichts, was abschrecken oder ungewöhnlich bekümmern könnte. Man beschäftigt sich vielmehr gern mit ihm und sieht das Ausscheiden aus dem Leben, was ihm auch immer folgen möge, als eine natürliche Entwickelungsstufe in der Folge des Daseins an.

Jean-Jacques Rousseau

Das Unglück der Unsterblichkeit

Wären wir unsterblich, würden wir höchst unglückliche Wesen sein. Es ist unzweifelhaft hart, zu sterben, allein süß ist es, die Hoffnung hegen zu dürfen, daß man nicht ewig leben werde, und daß ein besseres Leben die Leiden des gegenwärtigen enden werde. Wer würde wol, wenn man ihm die Unsterblichkeit auf Erden anböte, dieses traurige Geschenk annehmen wollen? Welche Hilfe, welche Hoffnung, welcher Trost würden uns wol gegen die Härte des Schicksals und gegen die Ungerechtigkeiten der Menschen noch bleiben? Der Unwissende, dem es an Voraussicht fehlt, fühlt den Werth des Lebens wenig und fürchtet eben so wenig es zu verlieren; der aufgeklärte Mensch kennt werthvollere Güter, welche er um deswillen dem Leben vorzieht. Nur die Halbwisserei und Alterweisheit stellen uns den Tod, indem sie unsere Blicke nur auf ihn, aber nicht auf das lenken, was hinter ihm liegt, als das größte aller Uebel dar. Die Nothwendigkeit zu sterben ist für den Weisen nur ein Grund, die Leiden des Lebens zu ertragen. Wenn man nicht sicher wäre es einmal zu verlieren, so würde seine Erhaltung fürwahr den Preis nicht werth sein, den man dafür zu zahlen hat.

Ferdinand von Saar

Alter

Das aber ist des Alters Schöne,
    Daß es die Saiten reiner stimmt,
Daß es der Lust die grellen Töne,
    Dem Schmerz den herbsten Stachel nimmt.

Ermessen läßt sich und verstehen
    Die eig'ne mit der fremden Schuld,
Und wie auch rings die Dinge gehen,
    Du lernst dich fassen in Geduld.

Die Ruhe kommt erfüllten Strebens
    Es schwindet des verfehlten Pein –
Und also wird der Rest des Lebens
    Ein sanftes Rückerinnern sein.

Rainer Maria Rilke

ICH GLAUBE AN DAS ALTER

Ich glaube an das Alter, lieber Freund. Arbeiten und Altwerden, das ist es, was das Leben von uns erwartet. Und dann eines Tages *alt sein* und noch lange nicht alles verstehen, nein, aber anfangen, aber lieben, aber ahnen, aber zusammenhängen mit Fernem und Unsagbarem, bis in die Sterne hinein.

Anhang

Nachwort

Fast alle wollen es werden, aber die wenigsten möchten es sein: alt. Das Älterwerden, dieser lebenslange Prozeß, beginnt mit dem ersten Schrei und endet mit dem letzten Seufzer. Nichts wünschen Kinder sich sehnlicher, als ›größer‹ zu werden, und Jugendliche freuen sich auf ihre Volljährigkeit. Ab etwa 20 dann wird man älter, aber noch nicht im Ernst – das wirkliche Älterwerden, das Altern, setzt später ein. Nach der Meinung C.G. Jungs, des bedeutenden Tiefenpsychologen, beginnt es in der Lebensmitte, zwischen 35 und 40 Jahren. Jetzt wendet sich das Blatt, Jung spricht von der »Lebenswende«: Die zweite Lebenshälfte will bewältigt werden. Und die Frage, die sich wohl die meisten Menschen stellen, lautet schlicht und einfach: Von nun an geht's bergab?

Ja und nein. Man hat, sozusagen, den Lebenskuchen zur Hälfte aufgegessen – annähernd jedenfalls, die steigende Lebenserwartung der Menschen spielt hier kaum eine Rolle – und fühlt sich wie ein Schulkind in den sechswöchigen Sommerferien; sind die ersten drei Wochen vorbei, geht es immer, immer schneller auf's Ende zu. Tröstlich dabei ist, daß Älterwerden alle trifft und daß es keiner Anstrengung bedarf, es läuft wie am Schnürchen und ganz von selbst. Die übriggebliebene Hälfte des Kuchens aber, das Drittel – Viertel – schließlich das Fünftel erscheinen von Jahr zu Jahr, von Sommer zu Sommer wertvoller. Zwar kostet die körperliche Instandhaltung zunehmend Geld, Geduld und leider auch Zeit, kostbare Lebenszeit; doch öffnen sich mit den Jahren neue, ungeahnte Perspektiven, Fernblicke und Detailansichten:

Das Leben kann freier, unverantwortlicher, rücksichtsloser gelebt werden. Viele Texte, die in unserem Lesebuch zusammengestellt sind, sprechen davon: Im Alter wie in der Jugend ist eine Radikalität möglich, die die mittleren Jahrgänge in ihrem Korsett aus Anforderungen und Verpflichtungen nicht kennen (oder sich nicht erlauben). Der Verzicht auf faule Kompromisse verdankt sich nicht mehr, wie in der Jugend, dem Mangel an Erfahrungen, sondern ihrer Fülle. Gelassenheit und Milde im Umgang mit den Mitmenschen können die angenehme Folge sein. Der Blick beim Älterwerden geht einerseits auf's große Ganze – wie bei den Philosophen Schopenhauer, Humboldt und Rousseau –, anderseits auf die kleinen Dinge, die einen neuen Wert gewinnen: »Eine erste Kastanie fiel vor ihnen auf den Gehsteig, sie hob sie auf, rieb sie an ihrem Ärmel trocken, reichte sie ihm« – so erzählt Renate Welsh von den Gesten der Zuneigung im Alter.

Ob sich aus den hier gesammelten Texten eine Lehre ziehen läßt, mag jede Leserin und jeder Leser selbst entscheiden. Vielleicht wäre es diese: Wer freundlich und verträglich, sich selbst und anderen gegenüber, alt und älter werden möchte, sollte rechtzeitig damit beginnen. Ein Teil Humor und zwei Teile Selbstironie gehören dazu, dann wird es schon gelingen – in Abwandlung des alten Mottos ›Memento mori‹, ›Bedenke, daß du sterben mußt‹:

Memento vivere, denk dran zu leben.

Gregor Gumpert | Ewald Tucai

Quellennachweis

Honoré de Balzac (1799–1850)
Der Humpelgreis 143
In: Tolldreiste Geschichten. Übers. von Otto Julius
Bierbaum und Carl Theodor Ritter von Riba.
Leipzig 1916

Joan Barfoot (*1946)
Family News 65
In: Family News. Roman. Übers. von Eva und Thomas
Pampuch. © 1990 Verlag Antje Kunstmann, München

Djuna Barnes (1892–1982)
Altweibersommer 15
In: Eine Nacht mit den Pferden. Gesammelte
Erzählungen. Übers. von Karin Kersten.
© 1999 Verlag Klaus Wagenbach, Berlin

Silvia Bovenschen (*1946)
Älter werden 44
In: Älter werden. Notizen. © 2006 S. Fischer Verlag
GmbH, Frankfurt am Main

Bertolt Brecht (1898–1956)
Die unwürdige Greisin 135
In: Werke. Große kommentierte Berliner und Frankfurter Ausgabe. Band 18: Prosa 3. © Bertolt-Brecht-Erben /
Suhrkamp Verlag 1995

Wilhelm Busch (1832–1908)
Da kommt mir eben so ein Freund 102
In: Kritik des Herzens. München 1930

Elias Canetti (1905–1994)
Lob des Alters 27
In: Gesammelte Werke. Band 5: Aufzeichnungen
1954–1993. © 2004 Carl Hanser Verlag GmbH & Co. KG,
München

Pablo Casals (1876–1973)
Alter und Jugend 164
In: Licht und Schatten auf einem langen Weg.
Erinnerungen aufgezeichnet von Albert E. Kahn. Übers.
von Peter Baumann. © 1971 S. Fischer Verlag GmbH,
Frankfurt am Main

Ignaz Franz Castelli (1781–1862)
Wunsch eines Lebenslustigen 35
In: Sämmtliche Werke. Band 4: Gedichte. Wien 1844

Noëlle Châtelet (*1944)
Die Dame in Blau 71
In: Die Dame in Blau. Roman. Übers. von Uli
Wittmann. © 1997, 1999, 2005, 2006 Verlag
Kiepenheuer & Witsch GmbH & Co. KG, Köln

Günter Eich (1907–1972)
Fortsetzung 87
In: Ein Lesebuch. Ausgewählt von Günter Eich.
© 1972 Suhrkamp Verlag, Frankfurt am Main. Alle
Rechte bei und vorbehalten durch Suhrkamp Verlag
Berlin

Paul Ernst (1866–1933)
Die Liebesbriefe 97
In: Komödianten- und Spitzbubengeschichten.
Gütersloh 1961

Péter Esterházy (*1950)
Der Fremde in mir. 39
In: Einmal und nicht mehr. Schriftsteller über das Alter.
Hrsg. von Thomas Steinfeld. Übers. des Textes von
Zsuzsanna Gahse. Deutsche Verlagsanstalt, Stuttgart –
München 2001. © Péter Esterházy

F. Scott Fitzgerald (1896–1940)
Der seltsame Fall des Benjamin Button 119
In: Bernice schneidet ihr Haar ab. Übers. von Lutz-W.
Wolff. © der Übersetzung: 2012 Deutscher Taschenbuch
Verlag, München

Robert Gernhardt (1937–2006)
Als er sich mit vierzig im Spiegel sah. 48
In: Wörtersee. Zweitausendeins, Frankfurt am Main
1981. © Nachlass Robert Gernhardt, durch Agentur
Schlück. Alle Rechte vorbehalten
Ein Malermärchen. 127
In: Über alles. © Robert Gernhardt 1994. Alle
Rechte vorbehalten S. Fischer Verlag GmbH, Frankfurt
am Main

Elfriede Hammerl (*1945)
Wieder maßlos sein 62
In: Love me tender. Neue STERN-Einsichten. © 1989
Script Medienagentur GmbH, München; 1989 Rowohlt
Taschenbuch Verlag GmbH, Reinbek bei Hamburg

Judith Herzberg (*1934)
Grau-Skala 13
In: Zwischen Eiszeiten. Ausgewählte Gedichte. Übers.
von Maria Csollány und Gregor Laschen. Straeler
Manuskript 1. Niederländisch-deutsch. © 1984 by Judith
Herzberg, Maria Csollány und Gregor Laschen

Hermann Hesse (1877–1962)
Über das Alter 167
In: Sämtliche Werke in 20 Bänden. Hrsg. von Volker
Michels. Band 14: Betrachtungen und Berichte 1927–1961.
© 2003 Suhrkamp Verlag, Frankfurt am Main. Alle Rechte
bei und vorbehalten durch Suhrkamp Verlag Berlin

Dieter Hildebrandt (*1927)
50 plus Feierabend 36
In: Nie wieder achtzig! © 2007 Karl Blessing Verlag,
München, in der Verlagsgruppe Random House GmbH

Friedrich Hölderlin (1770–1843)
Ehmals und jetzt 43
In: Sämtliche Werke. Frankfurt am Main 1965

Wilhelm von Humboldt (1767–1835)
Brief an Charlotte Diede 171
In: Briefe an eine Freundin. Hrsg. von Joachim Lindner.
Berlin 1986

Hanns Dieter Hüsch (1925–2005)
Die jungen Alten 10
In: Zugabe. Unveröffentlichte Texte aus sechs Jahr-
zehnten. Hrsg. von Georg Bungter. Mit Abb. und
Vignetten von Jürgen Pankarz. © 2003 Verlag Kiepen-
heuer & Witsch GmbH & Co. KG, Köln

Mascha Kaléko (1907–1975)
Mit zunehmendem Alter........................ 61
In: In meinen Träumen läutet es Sturm. Gedichte und
Epigramme aus dem Nachlaß. Hrsg. von Gisela
Zoch-Westphal. © 1977 Deutscher Taschenbuch Verlag,
München

Hellmuth Karasek (*1934)
Die Wut über den verlorenen Groschen 49
In: Süßer Vogel Jugend oder Der Abend wirft längere
Schatten. © 2006 by Hoffmann und Campe Verlag,
Hamburg

Erich Kästner (1899–1974)
Herbstliche Anekdote.......................... 142
In: Kurz und bündig. © Atrium Verlag, Zürich 1948,
und Thomas Kästner

Adolph Freiherr von Knigge (1752–1796)
*Von dem Umgange unter Menschen von
verschiedenem Alter*............................ 162
In: Über den Umgang mit Menschen. Hrsg. von
Gert Ueding. Frankfurt am Main 1977

Günter Kunert (*1929)
Der alte Mann............................... 126
In: Der alte Mann spricht mit seiner Seele. © 2006
Wallstein Verlag, Göttingen

Malwida von Meysenburg (1816–1903)
Der Lebensabend einer Idealistin 154
In: Der Lebensabend einer Idealistin. Nachtrag zu den
»Memoiren einer Idealistin«. Berlin und Leipzig 1905

Christian Morgenstern (1871–1914)
Die Zeit 159
In: Gesammelte Werke in einem Band. Hrsg. von
Margareta Morgenstern. München 1972

Vladimir Nabokov (1899–1977)
Sprich, Erinnerung, sprich 160
In: Gesammelte Werke. Band 22: Erinnerung, sprich.
Wiedersehen mit einer Autobiographie. Übers. von
Dieter E. Zimmer. © 1964, 1984, 1991 Rowohlt Verlag
GmbH, Reinbek bei Hamburg

Franziska zu Reventlow (1871–1918)
Wenn ich einmal alt bin 73
In: Sämtliche Werke in sechs Bänden. Hrsg. von Michael
Schardt. Band 1: Romane 1. Igel Verlag, Hamburg 2010

Rainer Maria Rilke (1875–1926)
Ich glaube an das Alter 175
In: Es wartet eine Welt. © 2013 Deutscher Taschenbuch
Verlag, München

Joachim Ringelnatz (1883–1934)
Und ich darf noch 26
In: Und auf einmal steht es neben dir. Gesammelte
Gedichte. Berlin 1963

Eugen Roth (1895–1976)
Einbildung 9
In: Das große Eugen Roth Jubiläumsbuch. Prosa,
heitere Verse und Gedichte. Carl Hanser Verlag,
München und Wien 2003. © Dr. Thomas Roth, München

Jean-Jacques Rousseau (1712–1778)
Das Unglück der Unsterblichkeit 173
In: Emil oder Ueber die Erziehung. Band 1. Übers.
von H. Denhardt. Leipzig o.J.

Ferdinand von Saar (1833–1906)
Alter 174
In: Gedichte. Heidelberg 1888

Helke Sander (*1937)
Der 95. Geburtstag und die Stadtverwaltung 130
In: Der letzte Geschlechtsverkehr und andere
Geschichten über das Altern. © 2011 Verlag Antje
Kunstmann, München

Arthur Schnitzler (1862–1931)
Ein Gespräch 29
In: Gesammelte Werke. Die Erzählenden Schriften.
Band 1: Der Weg ins Freie. Roman. Frankfurt am
Main 1961

Arthur Schopenhauer (1788–1860)
Vom Unterschiede der Lebensalter. 78
In: Zürcher Ausgabe. Werke in zehn Bänden. Band 8:
Parerga und Paralipomena: kleine philosophische Schriften.
Erster Band. Zweiter Teilband: »Aphorismen zur Lebens-
weisheit«. Zürich 1977

Ludwig Tieck (1773–1853)
Frohsinn 70
In: Gedichte. Neue Ausgabe. Berlin 1841

Renate Welsh (*1937)
Liebe Schwester 88
In: Liebe Schwester. Roman. © 2003 Deutscher
Taschenbuch Verlag, München

Ottilie Wildermuth (1817–1877)
Auch ein altes Pärchen 103
In: Bilder und Geschichten aus Schwaben. Stuttgart-
Berlin-Leipzig o. J.

Trotz aller Bemühungen konnten leider nicht alle Rechteinhaber ermittelt bzw. erreicht werden. Der Verlag verpflichtet sich, rechtmäßige Ansprüche jederzeit in angemessener Form abzugelten.

Lesebuch-Klassiker
in dtv-Originalausgaben

Älterwerden ist nicht schwer
Ein Lesebuch
Hg. v. Gregor Gumpert
ISBN 978-3-423-14285-4

Der besondere Geschmack
Ein Gourmet-Lesebuch
Hg. v. Thomas Zirnbauer
ISBN 978-3-423-14255-7

Das Schlummer-Lesebuch
Hg. v. Alexander Kluy
ISBN 978-3-423-14268-7

Das Frühlingslesebuch
Hg. v. Günter Stolzenberger
ISBN 978-3-423-14298-4

Das Sommerlesebuch
Hg. v. Günter Stolzenberger
ISBN 978-3-423-14119-2

Das Herbstlesebuch
Hg. v. Günter Stolzenberger
ISBN 978-3-423-14141-3

Das Winterlesebuch
Hg. v. Günter Stolzenberger
ISBN 978-3-423-14171-0

Das große Osterbuch
Hg. v. Günter Stolzenberger
ISBN 978-3-423-14194-9

Nicht nur zur Osterzeit
Ein Frühlings-Lesebuch
Hg. v. Gudrun Bull
ISBN 978-3-423-20885-7

Melancholie oder Vom Glück, unglücklich zu sein
Ein Lesebuch
Hg. v. Peter Sillem
ISBN 978-3-423-13012-7

Bitte besuchen Sie uns im Internet: www.dtv.de

Lesebuch-Klassiker
in dtv-Originalausgaben

Die Kunst des Wanderns
Ein literarisches Lesebuch
Hg. v. Alexander Knecht und
Günter Stolzenberger
ISBN 978-3-423-**13867**-3

Ich fahr' so gerne Rad…
Geschichten vom Glück
auf zwei Rädern
Hg. v. Hans-Erhard Lessing
ISBN 978-3-423-**14088**-1

Übers Meer in die Ferne
Ein Lesebuch
Hg. v. Gregor Gumpert und
Ewald Tucai
ISBN 978-3-423-**14123**-9

Ruhr.Buch
Das Ruhrgebiet literarisch
Hg. v. Gregor Gumpert u.
Ewald Tucai
ISBN 978-3-423-**13826**-0

**Das große
Gänsehaut-Lesebuch**
Hg. v. Esther Böminghaus
ISBN 978-3-423-**14070**-6

**Das neue
Gänsehaut-Lesebuch**
Hg. v. Esther Böminghaus
ISBN 978-3-423-**14183**-3

**Weihnachtswahn und
Weihnachtswonnen**
Ein Lesebuch zum Fest
der Liebe
Hg. v. Günter Stolzenberger
ISBN 978-3-423-**13925**-0

Bitte besuchen Sie uns im Internet: www.dtv.de

Agatha Christie
Der Tod auf dem Nil
Roman
Band 16541

Von der »Queen of Crime«

Linnet Ridgeway ist jung, schön und reich. Mit vollster Überzeugung behauptet sie: »Ich habe keinen einzigen Feind auf der Welt.« Sie bekommt alles, was das Herz begehrt: ein wundervolles Anwesen, enormen Reichtum, die Möglichkeit zu reisen und schließlich auch noch den Mann, den ihre beste Freundin liebt. Doch als Hercule Poirot das frisch verheiratete Paar auf einem Ausflugsschiff auf dem Nil kennen lernt, spürt er, dass irgendetwas trotzdem nicht stimmt. Offensichtlich hat Linnet mehr Feinde, als sie sich eingesteht. Sie entgeht einem Anschlag nur knapp, auf ihren Mann wird geschossen und wenig später findet man Linnet in ihrer Kabine – ermordet.

Weltberühmt verfilmt mit Peter Ustinov als Hercule Poirot!

Fischer Taschenbuch Verlag

Agatha Christie
Das Schicksal in Person
Roman
Band 17087

Von der »Queen of Crime«

»Sie, meine Liebe,« schreibt der verstorbene Jason Rafiel an Miss Marple, »haben einen natürlichen Instinkt für Gerechtigkeit, und das wieder hat dazu geführt, dass Sie einen natürlichen Instinkt für das Verbrechen haben. Ich möchte Sie bitten, ein ganz bestimmtes Verbrechen aufzudecken.« Natürlich kann Miss Marple sich dieser Bitte nicht widersetzen, und begibt sich auf die Reise, die Jason Rafiel noch kurz vor seinem Tod für sie gebucht hat. Welches mysteriöse Verbrechen soll sie aufklären? Bei welchem Verdacht beginnen? »Es ist schwierig«, so muss Miss Marple schließlich feststellen, »dahinter zu kommen, was es wirklich bedeutet, wenn etwas Böses in der Luft liegt.«

Miss Marple erkennt: Auch Liebe kann tödlich sein.

Fischer Taschenbuch Verlag

Agatha Christie
Bertrams Hotel
Roman
Band 16660

Von der »Queen of Crime«

Selten genug kommt es vor, dass sich Miss Marple einmal etwas gönnt, daher genießt sie den Aufenthalt in Bertrams Hotel in vollen Zügen. Das altmodische Hotel im Herzen Londons wirkt wie ein Relikt aus dem viktorianischen Zeitalter und selbstverständlich ist der Service tadellos und die Klientel rekrutiert sich aus den erlesensten Kreisen. Dennoch muss sich Miss Marple wundern: Warum hat sich die glamouröse Bess Sedgwick ausgerechnet hier eingemietet? Und welcher Art ist ihre Bekanntschaft mit dem Portier? Was sucht ein berüchtigter Rennfahrer im Bertrams – und wohin ist Hochwürden Pennyfather so plötzlich verschwunden? Irgendetwas in diesem Hotel ist längst nicht mehr so, wie es einmal war. Wenn Miss Marple nur darauf kommen könnte, was sich verändert hat ...

Hinter der Hotelfassade lauert das Böse.

Fischer Taschenbuch Verlag